Georg Weindl

Mountainbiken

in den Rosenheimer Hausbergen

Georg Weindl

Mountainbiken

in den Rosenheimer Hausbergen

Edition Förg

Inhalt

Bad Aibling
Mangfall
8
Mangfall
472
Au bei Bad Aibling
Raubling
Bad Feilnbach
Au–Tegler-Alm
17
Miesbach
Tegern-see
16
Wirts-Alm
Schuhbräu-Alm
Farrenpoint
15
18
Schliersee
Brannenburg
Wendelstein
19
Reindler-Alm
Flintsb
307
Tatzel
20
Spitzingsee
Bayrischzell
Großer Traithen
Brünnste
22
Brünnstein
ÖSTERREICH
Wörgl
A12

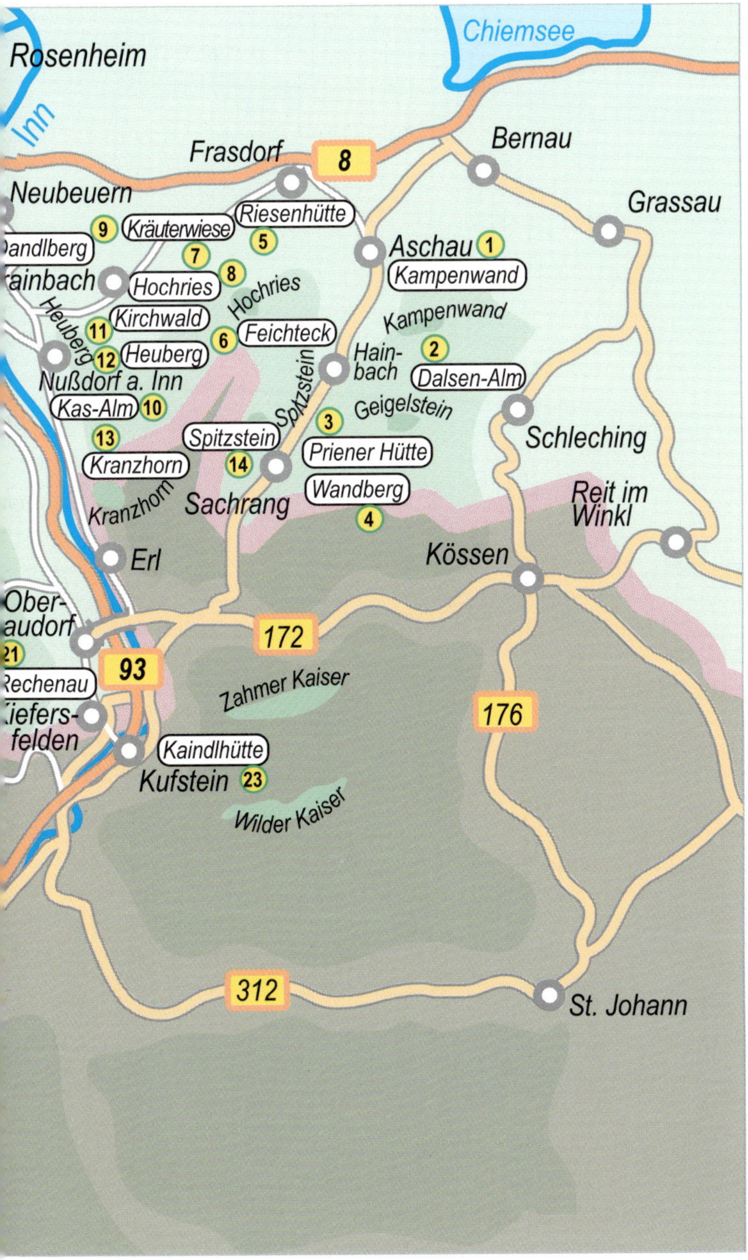

Chiemsee
Rosenheim
Inn
Frasdorf
8
Bernau
Neubeuern
Grassau
Riesenhütte
Kräuterwiese
9
5
Aschau
1
andlberg
7
Kampenwand
ainbach
8
Hochries
Hochries
Heuberg
Kirchwald
Kampenwand
11
6
Feichteck
Heuberg
12
Hain-
bach
2
Spitzstein
Dalsen-Alm
Nußdorf a. Inn
Kas-Alm
10
Geigelstein
3
Schleching
13
Spitzstein
Priener Hütte
Kranzhorn
14
Reit im
Winkl
Wandberg
Sachrang
Kranzhorn
4
Kössen
Erl
Ober-
audorf
172
21
93
Rechenau
Zahmer Kaiser
176
iefers-
felden
Kaindlhütte
Kufstein
23
Wilder Kaiser
312
St. Johann

Bergradeln macht Spass und ist gesund

Es gibt immer noch Menschen, die die Nase rümpfen oder recht genervt dreinschauen, wenn wieder so ein Bergradler vor ihren Augen auftaucht. Das sind nicht selten dieselben, die nach einer langer Bergwanderung mit wackligen Knien und Kreuzschmerzen heimwärts ziehen. Stundenlanges Bergabgehen ist schon eine rechte Strapaze. Deutlich mehr jedenfalls als eine gemütliche Bergabfahrt auf dem Rad, wo man meist nicht sehr viel mehr als zwei Hände zum Bremsen braucht und ansonsten die Aussicht genießen kann.

Ob das Bergradeln alias Mountainbiken nun sinnvoll ist oder nicht, diese Diskussion ist natürlich längst überholt. Millionen Menschen genießen es, die Höhen auf zwei Rädern zu erklimmen. Sie versuchen sich auf steilen Trails, überqueren die Alpen oder suchen einfach die schnellste Verbindung zu einer gemütlichen Almhütte. Mit dem Bike kann man ohne weiteres abends nach der Arbeit noch eine Bergtour machen oder an einem Tag Strecken absolvieren, für die ein Wanderer eine Zwischenübernachtung bräuchte.

Andererseits verlangt das Mountainbike auch wie vieles im Leben ein gewisses Maß an Bereitschaft zum Nachdenken und Dazulernen. Das gilt für das Bergaufradeln genauso wie für die Abfahrt. Neulinge machen sich voller Respekt an die ersten Bergausflüge und begehen damit den ersten großen Fehler. Sie suchen sich nicht kurze, sanfte Anstiege zur Eingewöhnung, und sie glauben, jeden noch so kleinen Berg mit aller Kraft niederringen zu müssen. Das bringt nur Frust, denn sehr bald ist die Puste zu Ende. Langsam anfangen und seinen eigenen Rhythmus finden bringt sehr viel mehr und erspart einem die Enttäuschung, absteigen zu müssen – und das vielleicht noch vor Publikum.

Dass Wanderer und Radler sich nicht immer grün sind, liegt oft an der Sturheit der einen oder anderen oder beider. Bei gegenseitiger Rücksichtnahme gäbe es kaum Probleme. Biker sollten bergab daran denken, dass Wanderer kaum im Gänsemarsch hintereinander marschieren und dass nach jeder Kurve eine Gruppe den Weg versperren könnte. Und ein Radler, der mit Karacho und

Vollbremsung vor einem auftaucht, kann einem einen gehörigen Schrecken einjagen. Schließlich gibt es auch Wege, die nun aus verschiedenen Gründen schlicht fürs Biken nicht geeignet und deshalb gesperrt sind, was man sinnvollerweise auch respektieren sollte. Auf der anderen Seite gibt es halt auch so manchen Freizeitalpinisten, der glaubt, dass er die Wege für sich allein gepachtet hat und gar nicht einsehen will, dass er den Weg mit einem Radler teilen soll. Aber das ist eine Frage der Toleranz, und einer, der sich mit Vorsatz über jeden Biker ärgern will, wird kaum einen gut gelaunten Ausflug haben. Und gottlob gibt es mittlerweile auch kaum mehr einen Hüttenwirt, der noch Ressentiments gegen die Radler hegt. Die meisten haben längst verstanden, dass es sich um eine interessante neue Klientel handelt, die im Gegensatz zum Wanderer auch werktags abends ausrückt und für Umsatz sorgt.

Neid und Missgunst haben sich noch nie als geeignete Zutaten für einen erfolgreichen Bergausflug erwiesen. Mit etwas Toleranz und guter Laune hat man nicht nur mehr Spaß. Man findet auch schnell Gleichgesinnte. Und in angenehmer Gesellschaft ist die Einkehr auch sehr viel unterhaltsamer.

1) Unter den Felsen der Kampenwand

Aschau – Steinling-Alm

Einer der markantesten Gipfel der Region ist auch als Ziel einer Biketour ein Klassiker. In Aschau beginnt diese anspruchsvolle Strecke mit etlichen knackigen Anstiegen und hat die Steinling-Alm unterhalb des Gipfelmassivs der Kampenwand zum Ziel. Eine sportliche und sehr abwechslungsreiche Tour, die nicht nur mit herrlicher Aussicht auf den westlichen Chiemgau und den Chiemsee belohnt wird, sondern die auch mit einer reizvollen Einkehrstation lockt.

Die breiten Zacken des Kampenwand-Gipfels sind schon von weitem erkennbar. Und wer sich nicht in die Heerscharen einreihen will, die mit der alten Seilbahn den Gipfel (fast) erklimmen, der kann von Aschau aus auf einer anspruchsvollen Tour bis zur schön gelegenen Steinling-Alm radeln. Doch Vorsicht: An Wochenenden mar-

Mountainbike-Feeling pur versprechen Touren im Kampenwandgebiet.

schieren regelrechte Menschenmassen auf dem flachen Weg herüber von der Bergstation zur Steinling-Alm. Und das wird für einen Biker zuweilen zu einem echten Spießrutenlaufen. Denn gerade die unsportlichsten Wirtshauswanderer sind oft die militantesten Radl-Feinde. Also wählt man für diese Tour besser einen ruhigen Wochentag. Da kann man auch die Einkehr besser genießen.

Doch zunächst zur Fahrt. Im Zentrum von Aschau radelt man auf der Kampenwandstraße bis zur Sparkasse und biegt dort in die Aufhamer Straße ab, dann vorbei am Reithof hinauf auf der schmalen Asphaltstraße über Kohlstatt in Richtung Mais-Alm.

Am Ende der öffentlichen Straße folgt der Weg im engen und schattigen Lochgraben einem Bachlauf und wird zusehends steiler, bis man nach einem anstrengenden Stich an die Lichtung der Mais-Alm kommt. Die Alm lässt man linker Hand liegen und fährt geradeaus bis zur Kreuzung. Dort geht es nach rechts auf der flachen Forststraße.

Nach der Schranke wird es wieder etwas sportlicher. Es folgt eine längere, teils asphaltierte Steigung bis zur kleinen Schlechtenberg-Kapelle am Wegrand, wo man auf eine Schneise trifft. Nach der kurzen und relativ flachen Waldschneise kommt man schließlich zum Kernstück dieser Auffahrt, der Passage vom Liftstüberl am

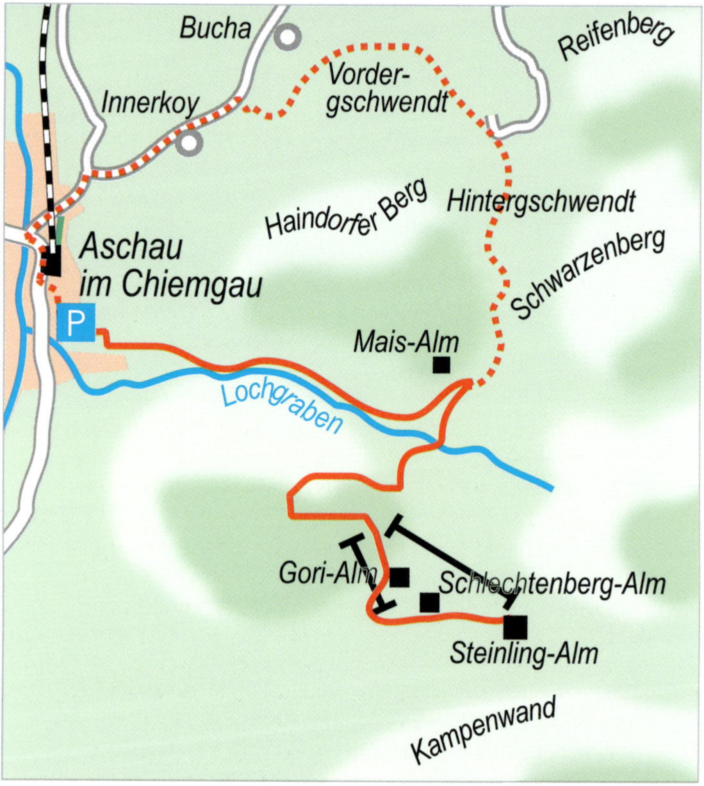
Bucha
Reifenberg
Vorder-
gschwendt
Innerkoy
Haindorfer Berg
Hintergschwendt
Aschau
im Chiemgau
Schwarzenberg
P
Mais-Alm
Lochgraben
Gori-Alm
Schlechtenberg-Alm
Steinling-Alm
Kampenwand

Für eine Rast an der Steinling-Alm spricht auch der herrliche Blick auf den Chiemsee.

Steinling-Lift hinauf zur Gori-Alm und zur Schlechtenberg-Alm: mehrere enge Kurven auf einer ausgesprochen steilen asphaltierten Straße. Zum Glück erwartet einen am Ende dieser Tortur nicht nur eine Ebene, sondern auch gleich zwei Hütten zum Einkehren, wobei nach unseren Erfahrungen die Gori-Alm die freundlichere und gemütlichere ist. Das letzte Stück bis zum Ziel ist nun abgesehen von einem Anstieg nach der Schlechtenberg-Alm bis zum Ende des asphaltierten Abschnitts nicht mehr so schwierig. Relativ eben verläuft der Weg, der die Lifttrasse kreuzt und dann am Ende in einer Rechtskurve das letzte Stück zur Steinling-Alm in Angriff nimmt, die man hier schon in Sichtweite hat. Lediglich die letzten paar Meter nach dem rechter Hand gelegenen Lifthäusl sind noch etwas strapaziös. Aber da ist das Ziel schon gewissermaßen schon zum Greifen nah, und die letzten Reserven können mobilisiert werden.

Varianten

Für die Rückfahrt könnte man ab der Kreuzung vor der Mais-Alm rechts in Richtung Hintergschwendt fahren. In Hintergschwendt folgt man der Beschilderung „Rund um den Haindorfer Berg" und fährt über Vordergschwendt bergab vorbei an der Abendmahlkapelle in Richtung Aschau. Und zwar entweder auf dem ausgeschilderten Weg bis Kohlstatt (zwischendurch kurze Schiebestrecke) und dann über die Aufhamer Straße in die Ortsmitte. Oder man wechselt vorher auf die Hauptstraße aus

Ausgangspunkt der Tour ist Aschau im Chiemgau mit seiner sehenswerten Kirche.

Richtung Bernau, fährt an der Kinderklinik vorbei bis zur Kreuzung unterhalb der Kirche. Von dort sind es rechts nur wenige Meter bis zum Parkplatz am Friedhof.

Auf einen Blick

Start und Ziel: Ortsmitte von Aschau. Für Autofahrer gibt es einen Parkplatz am Ortseingang beim Friedhof. Der Bahnhof (Strecke Prien–Aschau) liegt recht zentral.

Dauer: 1.20 Stunden (Bergfahrt)

Streckencharakteristik: Sehr abwechslungsreiche, weitgehend mittelschwere Strecke mit kürzeren Steilpassagen auf meist gut ausgebauten Forststraßen, die zum Teil asphaltiert sind. Die Rückfahrt über Hintergschwendt (Variante) verläuft teils auf Trampelpfaden.

Höhenunterschied: Ca. 900 m

Sehenswürdigkeiten und Aussichtspunkte:

- ▶ Von der Steinling-Alm Aussicht auf das Chiemseegebiet

Einkehrmöglichkeiten:

- ▶ Gori-Alm, 1170 m
- ▶ Steinling-Alm, 1460 m (Montag geschlossen)

Karten:

- ▶ Fritsch Wanderkarte *Grenzenlos zwischen König und Kaiser,* 1:50 000
- ▶ Topographische Karte *Chiemsee und Umgebung,* Bayerisches Landesvermessungsamt, 1:50 000

2) Vom Prien- ins Achental

Hainbach – Dalsen-Alm – Schleching

Die bayerische Bilderbuchlandschaft rund um Schleching ist das Ziel dieser Tour. Also nicht wie sonst eine Almhütte, sondern ein malerisches Bergdorf und als Extra ein Ausflug hinauf zu einem wahrlich sehenswerten historischen Wirtshaus mit herrlicher Aussicht. Solche Ziele rechtfertigen auch den Schweiß, den man auf dem teils steilen Bergauf-Stück zur Dalsen-Alm vergießt.

▶ Vom Priental hinüber nach Schleching über die Dalsen-Alm, das wäre ein idealer Sonntagsausflug auf zwei Rädern. Eine wahrhaft sportliche Anfahrt, dann rollt man gemütlich hinunter nach Schleching und kehrt bei einem standesgemäßen bayerischen Wirtshaus ein. Nur dass da noch die Rückfahrt hinauf zur Dalsen-Alm zu bewältigen ist, allerdings ist sie von Schleching aus nicht mehr ganz so anstrengend.

Der ideale Ausgangspunkt ist der große Parkplatz bei Hainbach an der Straße von Aschau nach Sachrang, den auch viele Wanderer an Wochenenden benutzen. Von hier geht es nun nach Osten und im Klausgraben zunächst gemütlich am Bachlauf entlang. Der folgende Anstieg um 430 Höhenmeter auf rund 3,5 Kilometern wird allerdings zunehmend steiler. Die

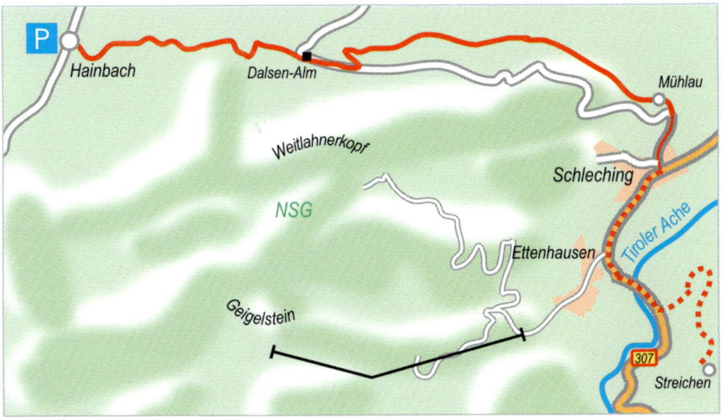

letzten Meter bis zur Anhöhe schließlich erfordern noch einmal alle Kräfte. Oben geht es flach über eine Wiese am Weidezaun entlang, und man muss das Rad ein Stück schieben. An der Schotterstraße fährt man nun über die Hintere Dalsen-Alm bergab in Richtung Mühlau. An der Abzweigung

zur Vorderen Dalsen-Alm hat man die Wahl zwischen zwei Wegen, die jeweils ins Tal nach Mühlau führen. An der Straßenkreuzung bei der Brücke über den Mühlbach fährt man nun rechts in Richtung Schleching und erreicht bald darauf das Dorf. Hier gibt es reichlich Einkehrmöglichkeiten.

Eine ebenso reizvolle Alternative ist ein Besuch beim Streichenwirt, der allerdings mit einer nicht allzu schweren Bergfahrt verbunden ist. Dazu verlässt man Schleching in Richtung Kössen. Man muss nicht unbedingt auf der Hauptstraße fahren, sondern kann auch rechts davon auf einer ruhigen Nebenstraße bis Ettenhausen radeln und für die letzten Meter bis zur Grenze auf die Hauptstraße wechseln. Dort biegt man vor dem ehemaligen Zollhaus links ab. Die brei-

Wer Lust auf einen Abstecher zum Weitlahner hat – der ist leider nur zu Fuß möglich –, könnte die Dalsen-Alm und unsere Fahrtroute aus dieser Perspektive sehen.

LESESTOFF FÜR LAND UND LEUTE

Das Rosenheimer Journal bietet Ihnen Lesestoff in Hülle und Fülle, und das alle zwei Monate aktuell! Südbayerns und Tirols große Illustrierte versorgt Sie in einem Gebiet von München bis Wörgl und von Miesbach bis Salzburg mit Informationen über die wichtigsten gesellschaftlichen und kulturellen Events, stellt Ihnen unsere Städte und Ortschaften vor, bringt Neuigkeiten aus Sport, Reise, Freizeit, Politik, Automobil und vielem mehr, was so richtig Spaß macht. Wer wissen will, was wirklich los ist, kommt am Rosenheimer Journal nicht vorbei.

Rosenheimer Journal · Adlzreiterstraße 16
Im Hofbräu · 83022 Rosenheim
Tel.: 0 80 31 / 14 04 1 · Fax: 0 80 31 / 32 23 3
Internet: www.rojo.de · e-mail: info@rojo.de

Auf einen Blick

Start und Ziel: Parkplatz bei Hainbach an der Straße von Aschau nach Sachrang
Dauer: 1.15 Stunden (einfache Strecke bis Schleching)
Streckencharakteristik: Eine mittelschwere Tour, die allerdings einen extrem steilen Abschnitt im Klausgraben vor der Dalsen-Alm enthält. Dafür entschädigt die genussvolle Abfahrt auf einer breiten Forststraße nach Mühlau und Schleching. Zurück kommt man auf der selben Strecke in umgekehrter Richtung (mit kurzer Schiebepassage).
Höhenunterschied: Ca. 430 m bzw. 680 m (Variante)
Sehenswürdigkeiten und Aussichtspunkte:
- Alte Bauernhöfe in Schleching
- Streichenkirche mit Gasthaus oberhalb von Schleching

Einkehrmöglichkeiten:
- Gasthöfe in Schleching
- Berggasthof Streichen, 814 m (Montag geschlossen)

Karten:
- Fritsch Wanderkarte *Grenzenlos zwischen König und Kaiser,* 1:50 000
- Topographische Karte *Chiemsee und Umgebung,* Bayerisches Landesvermessungsamt, 1:50 000

te, zunächst asphaltierte Straße führt nun bergauf. An der folgenden Kreuzung biegt man rechts ab und fährt weiter auf der Straße durch den Wald am Parkplatz vorbei. Kurz danach macht der Weg eine Rechtskurve, kommt an eine Lichtung und endet vor dem herrlich romantischen alten Wirtshaus, das früher zur alten Streichenkirche gehörte. Auf dieser Höhe verliefen früher übrigens die Säumerwege zwischen Bayern und Tirol. Vom Gastgarten vor dem Streichenwirt hat man einen perfekten Ausblick auf das Tal um Schleching und Ettenhausen und auf den gegenüberliegenden Geigelstein. Man sollte nicht unbedingt zu viel konsumieren, denn für den Rückweg braucht man noch Reserven.

Zuerst geht es nun bergab zurück zur Grenze und über Schleching nach Mühlau, von dort wieder bergauf in Richtung Dalsen-Alm. Etwa 5 Kilometer hinter Mühlau bei der Hinteren Dalsen-Alm hält man sich an die Beschilderung nach Hainbach und folgt einem Wanderpfad entlang des Zauns, wo man das Rad für einige hundert Meter schiebt, und erreicht schließlich den Weg hinunter in den Klausgraben, der anfangs recht steil ist und vorsichtiges Bergabfahren erfordert. Der Weg endet schließlich direkt an der Straße beim Parkplatz in Hainbach.

3) Im Geigelstein-gebiet

Sachrang – Priener Hütte

Wäre da nicht das kernige Steilstück kurz vor dem Schluss, die Fahrt von Sachrang zur Priener Hütte wäre eine ausgesprochene Genießertour. Aber auch mit dem Wadlbeißer ist die Route auf der breiten Forststraße überaus empfehlenswert. Viele Flachpassagen und ein klassisches Berggasthaus als Ziel machen sie auch für weniger trainierte Biker reizvoll.

▶ Rund um das Naturschutzgebiet am Geigelstein gibt es eine Reihe interessanter Touren, von denen diese zweifellos die populärste ist. Die Priener Hütte

Im Geigelsteingebiet haben Mountainbiker und Wanderer oft die Qual der Wahl, wenn es um die Auswahl der schönsten Route geht.

am Fuße des Gipfels liegt auf einer sonnigen Südterrasse, ein ideales Ziel also für eine Bergtour. Das lockt auch viele Wanderer an, die den langen Weg von Sachrang herauf nicht scheuen. Biker haben es da schon leichter.

Ausgangspunkt ist der große Parkplatz vor Sachrang. Hier gibt es auch nur eine Möglichkeit, auf der Forststraße in Richtung Osten zu fahren, die nach einer Linkskurve auch dann stetig bergauf führt. Vorbei an einem Wohnhaus und einer Schranke geht es eben und dann kurz bergab, bis die Straße vor einer Forsthütte eine scharfe Kehre macht. Hier ist der Weg nun kontinuierlich mittelsteil. Den links abzweigenden Wanderweg kann man getrost außer Acht lassen. Er ist für Räder ungeeignet. Die Straße nähert sich bald einem Bachlauf, wird dann fast brettleben, bis nach einer Linkskurve ein Anstieg vorbei an der Tal-Alm bergwärts führt. Nach der Alm wird es wieder ein wenig steiler, dann kommt ein längeres Flachstück, auf dem man sich erholen sollte, denn der letzte Abschnitt hat es in sich. Ein relativ kurzer, aber steiler Stich fordert die letzten Reserven. Vor allem im Sommer ist dieses Stück unangenehm, weil hier die Sonne offen hineinscheint und es entsprechend heiß wird.

Danach kann man im Flachteil ausrollen und verschnaufen. Rechter Hand lockt ein kleiner Weiher, was aber nicht unbedingt notwendig ist, denn zur

Eine reizvolle Variante der Tour führt über Walchsee, wo sich im Sommer eine Badepause in herrlicher, idyllischer Lage anbietet.

Priener Hütte sind es nun nur noch einige wenige Kurven, vorbei an der neu aufgebauten Niederkaser-Alm, Residenz eines betuchten Münchner Unternehmers. Nach einem letzten Anstieg ist die Hütte erreicht.

Ein kleiner Tipp: der vermeintliche Haupteingang wird von den Gästen gerne benutzt. Die Wirtsleute sehen das nicht so

Auf einen Blick

Start und Ziel: Parkplatz bei Sachrang. Anfahrt von der Autobahn A 8 über Aschau
Dauer: 1.15 Stunden (Bergfahrt)
Streckencharakteristik: Eine mittelschwere Strecke mit längeren Flachpassagen zwischendurch und zum Abschluss einem kurzen, aber heftigen Anstieg. Die gesamte Tour verläuft auf einer breiten, gut ausgebauten Forststraße.
Höhenunterschied: Ca. 750 m
Sehenswürdigkeiten und Aussichtspunkte:
- Badestrand am Walchsee
- Sennerei Hatzenstätt (Verkauf von preisgekröntem Käse und Produkten aus ökologischer Landwirtschaft)
- Wildpark Wildbichl (Dienstag Ruhetag von Oktober bis April)

Einkehrmöglichkeiten:
- Priener Hütte, 1411 m

Karten:
- Fritsch Wanderkarte *Grenzenlos zwischen König und Kaiser,* 1:50000
- Topographische Karte *Chiemsee und Umgebung,* Bayerisches Landesvermessungsamt, 1:50000

gerne, weil es dann am Tresen Gedränge geben kann. Der offizielle Eingang liegt seitlich, was die meisten Leute übersehen.

Nun ist die Fahrt zur Priener Hütte sicher sehr attraktiv, für einen Ausflug gerade in eine solch reizvolle Landschaft ist sie aber fast etwas wenig. Zusätzlich würde sich der Aufstieg zum 400 Meter höheren Geigelsteingipfel anbieten. Oder man macht noch einen Ausflug ins Tirolerische.

Varianten
Die Fahrt zur Priener Hütte kann man zu einer schönen Rundtour ausweiten. Zum Beispiel, indem man über Walchsee und Rettenschöß zurück nach Sachrang fährt. Dazu lässt man das Rad ein kurzes Stück bis zur Niederkaser-Alm rollen, biegt dort links ab und fährt durch das Baumgartental bergab. An der Otten-Alm hält man sich rechts und fährt weiter bis Walchsee. Dort geht es im Zentrum nach rechts auf die Straße nach Maurach und Schwaigs. Kurz danach biegt man rechts ab, fährt über Stauding nach Rettenschöß, von dort auf der Straße nach Norden zum Ritzgraben und das letzte Stück bis Sachrang auf dem König-und-Kaiser-Wanderweg vorbei am Naturdorf Sachrang bis zum Parkplatz an der Hauptstraße.

4) Panorama-Tour nach Tirol

Sachrang – Wandberg – Rettenschöß – Sachrang

Der Ausflug von Sachrang zu den Tiroler Nachbarn ist eine weniger bekannte Biketour mit vielen reizvollen Plätzen. Nach der langen Anfahrt in Richtung Geigelstein wechselt man hinüber zum Wandberg und genießt die herrliche Aussicht am Wandberg-Haus. Viel Sonne und ein erstklassiges Panorama prägen die Rundfahrt jenseits der bayerisch-tirolerischen Grenze.

Ein kleines, gemütliches Gasthaus hoch oben am Berg mit herrlichem Blick hinein in die Kitzbüheler Alpen als Krönung einer genussvollen Biketour: Das klingt verlockend, und man kann es in diesem Fall vor allem bei schönem Ausflugswetter unbedingt empfehlen. Der Wandberg oberhalb des Walchsees nahe an der Grenze ist zumindest auf bayerischer Seite nicht sehr bekannt. Dennoch ist er bei Wanderern beliebt, weil man von Rettenschöß aus mit dem Auto weit hinauffahren kann und sich somit der Fußmarsch deutlich verkürzt. Dem Biker sind solche Überlegungen eher fremd. Für ihn ist der Weg das Ziel, weshalb er zum Beispiel den Ausflug zum Wandberg-Haus mit einer langen und attraktiven Tour von Sachrang aus verbindet. Vom Parkplatz an der Hauptstraße fährt man den bekannten Weg in Richtung Priener Hütte und Geigelstein auf der gut ausgebauten Forststraße. Nach dem ersten längeren Anstieg passiert man ein Wohnhaus, fährt auf dem Flachstück bis zur Schranke, dann kurz bergab und weiter bis zu einer Forsthütte, wo die Straße eine scharfe Rechtskurve macht und ein längerer, aber nicht zu schwerer Anstieg beginnt. Nach etwas mehr als 1 Kilometer nähert sich der Weg einem Bachlauf, verläuft fast flach nebenher und wird dann bei einer scharfen Linkskurve unterhalb

Immer wieder bieten sich im Verlauf der Route herrliche Ausblicke auf das Kaisergebirge, wie hier bei Rettenschöß

der Tal-Alm wieder etwas steiler. Nach der Tal-Alm beginnt wieder ein Flachstück, an das sich der letzte und steilste Anstieg vor der Priener Hütte anschließt.

Nach rund 100 Metern auf dieser mühsamen Passage biegt man rechts ab und folgt dem Weg zur Acker-Alm. Gleich danach kommt man auf eine Straße, die direkt zum Wandberg-Haus führt. Nach der unvermeidlichen Einkehr im idyllisch gelegenen Berggasthof geht es dann bergab in Richtung Rettenschöß. Dazu nimmt man vom Wandberg-Haus die Straße nach Westen und fährt auf weitgehend flachem Terrain um die Nordseite des Wandbergs herum. Bei der Rettenbach-Alm hält man sich rechts und rollt auf einem breiten Wanderweg talwärts bis zur Asphaltstraße. Links geht es dann weiter am Gasthof *Zur Schönen Aussicht* vorbei und

Auf einen Blick

Start und Ziel: Parkplatz bei Sachrang. Anfahrt von der Autobahn A 8 über Aschau.
Dauer: 2.00 Stunden
Streckencharakteristik: Eine abwechslungsreiche Tour, die auf der Geigelstein-Seite mittelschwer ist, dann auf der Tiroler Seite weitgehend einfache Abschnitte mit maßvollen Steigungen hat. Zum Großteil auf gut ausgebauten Forststraßen. Von Rettenschöß nach Sachrang fährt man auf einer asphaltierten Nebenstraße.
Höhenunterschied: Ca. 750 m
Sehenswürdigkeiten und Aussichtspunkte:
- ▶ Herrliche Aussicht auf Kaisergebirge und Kitzbüheler Alpen beim Wandberg-Haus
- ▶ Sennerei Hatzenstätt (Verkauf von preisgekröntem Käse und Produkten aus ökologischer Landwirtschaft)
- ▶ Wildpark Wildbichl (Dienstag Ruhetag von Oktober bis April)
- ▶ Ölbergkapelle bei Sachrang

Einkehrmöglichkeiten:
- ▶ Wandberg-Haus, 1318 m (außerhalb der Sommermonate Mittwoch geschlossen)
- ▶ Wildbichler-Alm, 1000 m (Montag geschlossen)

Karten:
- ▶ Fritsch Wanderkarte *Grenzenlos zwischen König und Kaiser,* 1:50 000
- ▶ Topographische Karte *Chiemsee und Umgebung,* Bayerisches Landesvermessungsamt, 1:50 000

in etlichen Serpentinen steil hinab bis Rettenschöß. Im Dorf biegt man rechts ab und radelt auf der schmalen Straße bergauf und bergab mit einigen Kurven in Richtung Ritzgraben. Dort kann man auf den König-und-Kaiser-Wanderweg wechseln und vorbei am Naturdorf Sachrang bis zum Parkplatz an der Hauptstraße fahren.

Eine andere Möglichkeit ist, auf der Straße bis Hatzenstätt zu fahren und dort auf die Hauptstraße von Niederndorf nach Sachrang zu wechseln. Vorbei an der Sennerei geht es weiter nach Norden über Wildbichl bis zur ehemaligen Grenzstation, vorbei am Abzweig zur Ölbergkapelle links von der Straße und dann noch das kurze Stück am Müllner-Peter-Haus vorbei bis Sachrang und zum Parkplatz, dem Ausgangsort dieser Tour.

Varianten

Von der Rettenbach-Alm kann man den Weg zum Ritzgraben abkürzen, indem man direkt nach Westen über die Wildbichler-Alm (beliebte Einkehrstation) talwärts fährt.

Lohnend ist ein kleiner Abstecher zur Ölbergkapelle bei Sachrang.

5) Biken und Einkehren am Fuss der Hochries

Frasdorf – Frasdorfer Hütte – Riesenhütte

Gastronomisch betrachtet eine besonders interessante Tour. Auf dem Weg von Frasdorf zur Riesenhütte unterhalb des Hochriesgipfels ist noch keiner verhungert oder verdurstet. Gleich drei Einkehrstationen liegen an der Strecke. Die beliebte und gemütliche Frasdorfer Hütte, die urwüchsige Hofalm und als Abschluss die klassische Alpenvereinshütte auf der Riesenalm. Als passende Ergänzung warten auf den Biker einige anspruchsvolle Steigungen und zwischendurch ein herrlicher Blick auf den Chiemsee.

Die urige Riesenhütte ist das Ziel einer beliebten Tour von Frasdorf aus.

2 WOCHEN
AUF UNSERE
KOSTEN
JETZT 14 TAGE
KOSTENLOS
PROBELESEN!
TEL. 0 80 31 /2 13 -2 30
FAX 0 80 31 /2 13 -2 36
VERTRIEB@OVB.NET
Oberbayerisches Volksblatt
Rosenheimer Zeitung
Lesen, verstehen
und entscheiden

Wer aus Richtung Prien nach Frasdorf anreist, sollte einen Zwischenstopp bei der Kirche St. Florian nicht versäumen.

▶ Der kantige Gipfel der 1568 Meter hohen Hochries zählt zu den beliebtesten Ausflugszielen in der Gegend zwischen Inntal und Chiemsee. Auf zwei Rädern lässt sich dieser Berg kaum erklimmen. Dafür aber gibt es rundherum einige interessante Touren. Dazu gehört auf jeden Fall die Strecke von Frasdorf zur Riesenhütte, die nicht zuletzt auch wegen der reizvollen Einkehrmöglichkeiten bei Bikern und Wanderern beliebt ist.

Ausgangspunkt ist der Parkplatz Lederstube südlich von Frasdorf. Man erreicht ihn vom Ort aus, indem man von der Hauptstraße nach Süden in die Sagbergstraße abbiegt, diesem Weg über freies Feld folgt, dann an der Abzweigung rechts fährt und nach 1 Kilometer zu dem

großen Parkplatz kommt. Von hier radelt man nun ein Stück geradeaus, hält sich an der Gabelung links und bleibt auf der gut ausgebauten Forststraße, die neben dem Bach anfangs noch recht eben verläuft, dann aber einige kleine Anstiege hat. Nach einem kurzen Flachstück kommt eine ebenso kurze Abfahrt bei einer Brücke, dann geht es weiter bergauf, bis zu einer Gabelung. Der Hauptweg in Richtung Hochries nimmt eine Linkskurve. Geradeaus könnte man hier nun auch über die Winterstubn fahren. Doch folgen wir zunächst besagtem Hauptweg, der relativ ruhig einen Wasserlauf begleitet, dann nach der Kehre bei der Rauch-Alm für einige hundert Meter etwas steiler wird. Kurz danach erreicht man die Hoch-

Auf einen Blick

Start und Ziel: Parkplatz Lederstube bei Frasdorf
Dauer: 1.15 Stunden (Bergfahrt)
Streckencharakteristik: Anfangs recht einfache, später aber zunehmend sportliche Tour auf die Ostseite der Hochries. Man fährt auf gut ausgebauten Forststraßen und Wanderwegen. An Wochenenden wird der Anschnitt zur Frasdorfer Hütte von vielen Wanderern bevölkert.
Höhenunterschied: Ca. 700 m
Sehenswürdigkeiten und Aussichtspunkte:
- Oberhalb der Frasdorfer Hütte schöne Sicht auf den Chiemsee

Einkehrmöglichkeiten:
- Frasdorfer Hütte, 950 m (Montag und Dienstag geschlossen)
- Riesenhütte, 1345 m (im November geschlossen)

Karten:
- Fritsch Wanderkarte *Grenzenlos zwischen König und Kaiser,* 1:50 000
- Topographische Karte *Chiemsee und Umgebung,* Bayerisches Landesvermessungsamt, 1:50 000
- Kompass Wanderkarte 10 *Chiemsee – Simssee,* 1:30 000

fläche bei der Frasdorfer Hütte. An der Kreuzung fährt man links und erkennt gleich zur Linken die Hütte. Wer jetzt noch keine Pause benötigt, bleibt auf der Forststraße und fährt bei der folgenden Abzweigung zur Hof-Alm geradeaus. Von der Kreuzung zur kleinen und urigen Hof-Alm sind es übrigens nur wenige Minuten.

Die zweite Hälfte dieser Tour ist nun ungleich anstrengender. Zuerst der lange Anstieg bis zu einer Kurve, an der ein schmaler Wanderweg abzweigt, dann ein steiler Stich nach der nächsten Kehre, von der aus man übrigens einen herrlichen Blick auf den Chiemsee genießen kann. Kurz darauf kommt eine weitere Kreuzung. Der links abzweigende Weg in Richtung Predigtstuhl und Klausen wäre zwar eine reizvolle Fahrstrecke, lässt sich aber mit der anvisierten Riesenhütte nicht sinnvoll verbinden. Ein längerer leichterer Anstieg folgt, bis dann die breite Straße endet und in einen schmalen Wanderweg mündet. Hier heißt es noch einmal richtig kräftig in die Pedale treten, bis dann nach gut 20 Minuten die Riesenhütte erreicht ist. Sie steht rechts am Anfang einer langen und breiten Almwiese unterhalb des Hochriesgipfels. Über die Alm könnte man die Tour noch ein

Stück in Richtung Gipfel fortsetzen. Der Weg hinauf jedoch ist für Biker kaum empfehlenswert. Nach der Rast bei der Riesenhütte kann man nun auf demselben Weg wieder ins Tal fahren.

Varianten

Bei der Auffahrt bietet sich an der Abzweigung bei Zellboden die Möglichkeit an, rechts in Richtung Winterstubn und Kräuterwiese zu fahren. An der Kreuzung nach etwa 500 Metern fährt man links bis zum Ende der Forststraße, dann geht es bergab an der Winterstubn vorbei und über einen offenen Hang weiter zum Weg, der zur Frasdorfer Hütte führt.

Eine Alternative für die Rückfahrt wäre es, dass man vor der Frasdorfer Hütte rechts über die Hof-Alm (kurzer Anstieg) auf einem allerdings schmalen und teils recht schwierigen Weg hinunter nach Hohenaschau fährt und von dort über den Dreilindenhof auf einem Feldweg in Richtung Frasdorf und zurück zum Parkplatz Lederstube.

Etwas bequemer ist der Radweg direkt neben der Hauptstraße von Aschau nach Frasdorf.

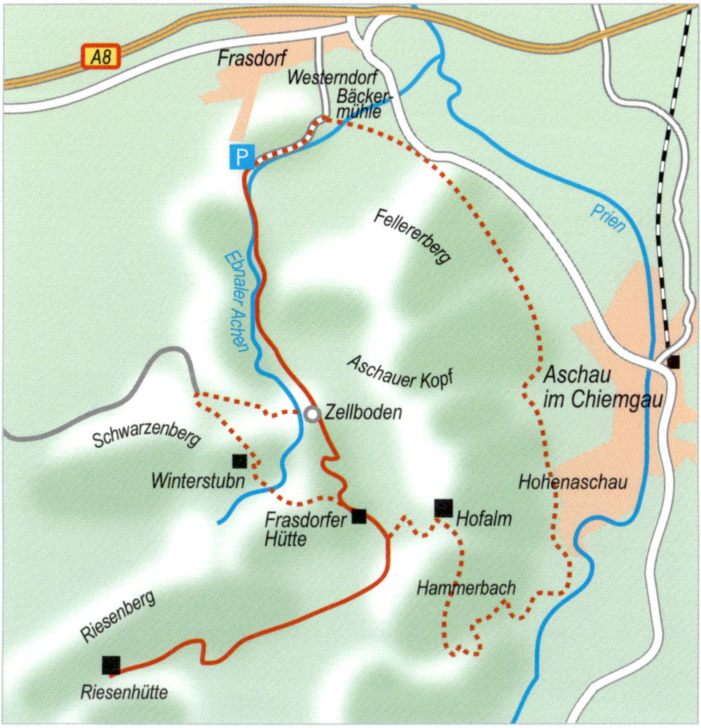

6) Bike-Genüsse am Feichteck

Schweibern – Feichteck – Daffnerwald-Alm – Schweibern

Nach wie vor ist diese Tour ein echter Geheimtipp. Die Nordseite des Feichtecks wird nur von wenigen Ausflüglern begangen, und das, obwohl diese Route zweifellos zu den schönsten im Hochriesgebiet zählt. Abwechslungsreiche Bergauf-Passagen mit beeindruckender Aussicht auf die Region um Rosenheim müssen freilich mit einigen ausgesprochen steilen Anstiegen erarbeitet werden. Dafür sind die Abfahrt auf der Südseite ebenso wie die Rast auf der ruhigen und schön gelegenen Feichteck-Alm ein echter Genuss.

▶ Je leichter eine Hütte zu erreichen ist, desto größer ist gewöhnlich auch der Andrang. Kein Wunder also, dass sowohl der Waldparkplatz beim Bruchfeldhaus wie auch das Pendant bei Schweibern es größenmäßig mittlerweile mit jedem Einkaufszentrum aufnehmen könnten. Von beiden Plätzen kommt man ohne großen Aufwand auf die

Ein lohnendes Ziel für Mountainbiker ist das Feichteck, das den südlichen (auf unserem Bild: rechten) Abschluss des Hochries-Massivs bildet.

Daffnerwald-Alm beim Heuberg oder die Wagner-Alm am Feichteck. Der kundige Biker weiß jedoch, dass nur wenige Meter abseits der Wandererströme herrliche Wege auf ihn warten. Und dazu echte sportliche Herausforderungen. Als Ausgangspunkt eignet sich der etwas versteckte Parkplatz hinter Schweibern unterhalb des Duftbräus. Von dort fährt man das kurze Stück bergab zurück zur Hauptstraße, biegt rechts ab und absolviert die zwei kurzen Anstiege zum Duftbräu. Dort geht es nun rechts hinauf und vor dem Gasthaus vorbei auf die Rückseite zur Kapelle. Dort schlängelt sich ein schmaler und steiniger Weg hinauf, der schließlich nach einer Abfahrt den Wanderweg vom Duftbräu zum Heuberg kreuzt. Geradeaus geht es weiter zum Bruchfeldhaus, wo man auf der Straße rechts in Richtung des anderen Waldparkplatzes kommt. Auf diesem kurzen Abschnitt hat man es an Wochenenden mit viel Autoverkehr zu tun, speziell mit Wanderern, die um jeden Preis möglichst nah an die Hütte heranfahren wollen und verzweifelt Parkplätze suchen.

Von dem mittlerweile großmächtig ausgebauten Parkplatz aus gibt es zwei Aufstiegsvarianten, die beide zum mehr oder weniger gleichen Ziel führen. Der rechte Weg ist weniger steil, macht aber einen weiten Bogen bis zur Wagner-Alm. Direkt geradeaus ist es etwas steiler, aber eben kürzer. Letztere Möglichkeit bietet zunächst einen soliden Anstieg bis zur Kreuzung, auf der man sich geradeaus hält. Die folgende Passage bis kurz vor die Wagner-Alm erfordert Kraft und

Konzentration, ist aber relativ kurz. Dort, wo es im Wald wieder flacher wird, biegt man an einer Rechtskurve links in eine Forststraße ab, passiert die Schranke und fährt nun auf einem ruhigen Weg, der kaum benutzt wird. Eigentlich merkwürdig, denn diese Route ist allemal schöner als alle Wanderwege am Heuberg, noch dazu gibt es eine Fülle herrlicher Ausblicke. Allerdings hat diese Strecke etliche harte Steilpassagen, bis man am Jagdhaus vorbeikommt. Man hält sich weiterhin auf diesem Hauptweg, der nach einigen hundert Metern schmal und etwas unwegsam wird, bis dann der Sattel zwischen Feichteck und Karkopf erreicht ist. Hier kann man sich eine kleine Pause gönnen, denn die schlimmsten Quälereien sind überstanden. Außerdem lohnt sich die Aussicht nach Norden ins Alpenvorland wie auch nach Süden auf den Spitzstein samt Umgebung. An dieser Kreuzung nun fährt man rechts leicht bergauf an der Ostseite des Feichtecks. Zwischendurch ist der weitgehend ebene Weg asphaltiert und mündet oberhalb der Feichteck-Alm in einen Schotterweg, der scharf links abwärts führt. Die ruhige Feichteck-Alm ist auf dieser Tour klar der schönste Platz für eine Pause. Man sitzt vor dem Haus und genießt den Blick weit hinein ins Tiroler Land und zum Kaisergebirge.

Von der Alm fährt man dann auf dem Weg weiter steil bergab bis zur Kreuzung, dort dann rechts auf dem bald recht flachen Fahrsträsschen vorbei an der Genossenschafts-Alm bis zur Kreuzung vor der Wagner-Alm. Hier geht es links, dann leicht bergab und auf der folgenden Kreuzung links bergauf, bis man nach dem Anstieg auf eine Bergab-Passage kommt, wo rechts ein schmaler Waldweg in Richtung Euzenau abzweigt. Eine anfangs bequeme Bergabfahrt, die dann etwas enger und holpriger wird. Man nimmt eine scharfe Linkskurve, fährt über grobe Holzplanken bis zum Weidezaun an der großflächigen Almwiese der Euzenau. Am anderen Ende der Alm biegt rechts ein Weg ab, quert ein Bachbett und steigt kontinuierlich an. Nach dem Anstieg im flacheren Teil führt er links in den Wald, wo es auf steinigen und anstrengenden Pfaden hinüber zur Daffnerwald-Alm geht, der letzten Station dieser Tour. Zwei an Wochenenden meist gut besuchte Almhütten bieten sich an. Der letzte Abschnitt führt auf der Nordseite der Alm bergab in Richtung Nußdorf. Nach der zweiten Kehre an der Kreuzung folgt man rechts dem Weg nach Schweibern, der direkt zum Waldparkplatz führt. Vorsicht: Auf dieser Abfahrt mit vielen schwer einsehbaren Kurven sind eine Menge Wanderer unterwegs!

Auf einen Blick

Start und Ziel: Waldparkplatz bei Schweibern am Heuberg. Man erreicht den Parkplatz über den Samerberg; von Holzmann fährt man in Richtung Duftbräu.

Dauer: 2.00 Stunden

Streckencharakteristik: Ein Geheimtipp für sportliche Genussfahrer. Die Runde um das Feichteck neben der Hochries beinhaltet so ziemlich alles, was einen Mountainbiker begeistert. Bergauf mit mittelschweren Forststraßen und anspruchsvollen einsamen Wegen bis zur Feichteck-Alm. Der Rückweg über den Heuberg führt dann eher über gemütliche Strecken mit kurzen anspruchsvollen Abfahrten.

Höhenunterschied: Ca. 700 m

Sehenswürdigkeiten und Aussichtspunkte:

- ▶ Auf der Nordseite des Feichtecks kurz vor dem Jagdhaus schöne Aussicht auf das Alpenvorland. Ebenso im Sattel zwischen Feichteck und Karkopf.

Einkehrmöglichkeiten:

- ▶ Feichteck-Alm, 1305 m
- ▶ Daffnerwald-Alm, 1050 m (in der Wintersaison nur am Wochenende geöffnet)

Karten:

- ▶ Fritsch Wanderkarte *Grenzenlos zwischen König und Kaiser,* 1:50 000
- ▶ Topographische Karte *Chiemsee und Umgebung,* Bayerisches Landesvermessungsamt, 1:50 000
- ▶ Kompass Wanderkarte 10 *Chiemsee – Simssee,* 1:30 000

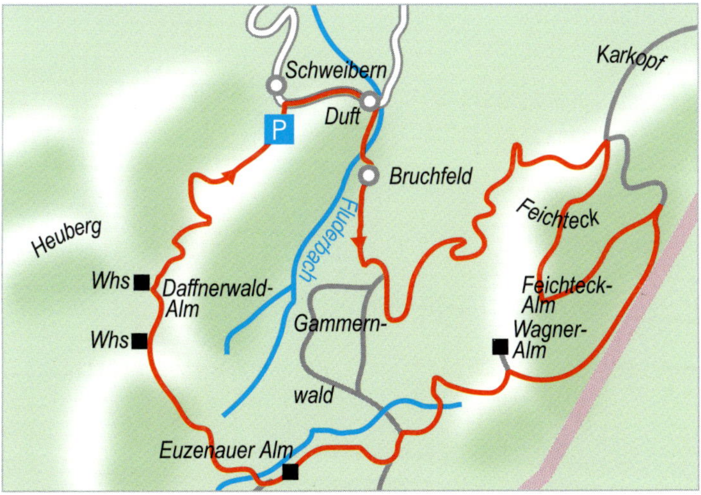

7) Hochries-Feierabendtour

Grainbach – Hochries/Mittelstation – Kräuterwiese – Grainbach

Eine ideale Tour für Bike-Einsteiger oder auch für einen kurzen Ausflug zum Beispiel nach Arbeitsschluss. Bergauf geht es von Grainbach kontinuierlich, aber eher sanft bis zur Mittelstation der Hochriesbahn und von dort flach durch ruhige Bergwälder bis zur idyllischen Kräuterwiese. Zurück nach Grainbach fährt man auf einer gut ausgebauten und asphaltierten Straße. Eine Rundtour ohne große technische und konditionelle Ansprüche und mit ansprechenden Einkehrmöglichkeiten.

▶ Auch wenn der Samerberg und die Hochries überaus beliebte Ausflugszeile sind, so finden sich doch abgeschiedene Wege für eine Biketour. Dazu startet man wie die meisten Wanderer an der Talstation der Hochriesbahn in Grainbach. Neben der Einfahrt zum Parkplatz beginnt die Fahrstraße hinauf zur Mittelstation der Hochriesbahn. Zunächst geht es geradeaus leicht bergauf, dann über Almwiesen weiter parallel zum Sessellift. Auf dem letzten Stück durch einige Waldpassagen folgen ein paar Kurven, bis bald das Gebäude der Mittelstation auftaucht. Vor der Station führt die Straße nach links und mündet in ein Waldstück, wo rechts der Anschlussweg zur Mittelstation abbiegt. Zur Kräuterwiese

Wer sich am Abend noch schnell zur Hochries aufmachen will, der liegt mit diesem Kurztrip genau richtig.

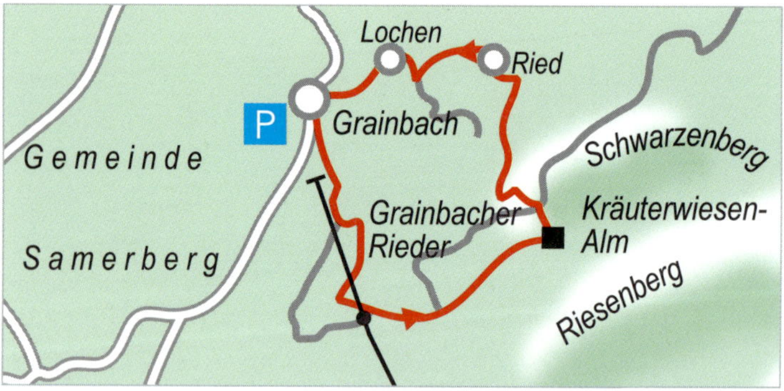

Grainbach am Samerberg mit seiner alten Kirche ist der Ausgangspunkt der beschriebenen Route.

fährt man jedoch auf dem flachen Weg geradeaus und kurz darauf an der Käser-Alm rechts vorbei; der folgende Abschnitt verläuft weitgehend flach durch abwechslungsreiches Gelände.

An der Kräuterwiese, einem kleinen, idyllischen Kessel mit zwei Bergbauernhöfen, stößt man auf einen quer verlaufenden Weg. Dort biegt man links ab und bleibt auf der Straße, die kurz danach eine weitere kreuzt. Hier geht es geradeaus weiter, rechts käme man nach Frasdorf. Man hält sich an die Beschilderung nach Grainbach, fährt geradeaus, dann ein Stück bergauf und folgt dem schmalen, asphaltierten Weg. An einer Gabelung hält man sich rechts und fährt über Ried und Lochen hinunter nach Grainbach. Dort kommt man dann an die Dorfstraße und fährt schließlich nach links das kurze Stück leicht bergauf wieder zurück zur Talstation.

Varianten

An der Mittelstation der Hochriesbahn kann man einen Abstecher zum Moserboden und zur kleinen, aber schön gelegenen Moser-Alm machen. Dazu biegt man bei der Kreuzung neben der Mittelstation rechts ab und fährt auf dem flachen Weg an der Station vorbei. Im folgenden Waldstück geht es sanft bergauf, bis dann an einer Lichtung rechts die Moser-Alm erscheint.

Man kann die Tour auch verlängern, indem man an der Kreuzung bei der Kräuterwiese rechts in Richtung Winterstubn abbiegt und auf der Forststraße nach Tauern und Soilach in Richtung Frasdorf fährt. Nach längeren und steilen Bergabfahrten stößt diese Straße oberhalb von Frasdorf auf die Verbindungsstraße nach Grainbach. Der Rückweg auf den Samerberg führt nun über diese öffentliche Straße, die zwar wenig befahren, aber trotz diverser längerer Anstiege nicht gerade eine ideale Mountainbike-Strecke ist.

Auf einen Blick

Start und Ziel: Parkplatz bei der Talstation der Hochriesbahn in Grainbach. Von Achenmühle kommend fährt man durch das Dorf, an der Kreuzung beim Gasthaus Maurer geradeaus und weiter bergauf bis direkt zur Talstation.
Dauer: 0.45 Stunden
Streckencharakteristik: Eine besonders leichte und relativ kurze Tour, die sich vor allem Mountainbike-Einsteiger eignet. Die Auffahrt zur Mittelstation erfolgt auf einer weitgehend asphaltierten und gut ausgebauten Straße, weiter bis zur Kräuterwiese und zurück nach Grainbach sind die Wege ebenfalls komfortabel.
Höhenunterschied: Ca. 200 m
Einkehrmöglichkeiten:
- Käser-Alm, 950 m (Montag geschlossen)
- Moser-Alm, 960 m
- Gasthaus Maurer, Grainbach (Dienstag geschlossen)

Karten:
- Fritsch Wanderkarte *Grenzenlos zwischen König und Kaiser,* 1:50 000
- Topographische Karte *Chiemsee und Umgebung,* Bayerisches Landesvermessungsamt, 1:50 000

8) Rund um den Rosenheimer Hausberg

Spatenau – Trockenbachtal – Frasdorfer Hütte – Spatenau

Eine abwechslungsreiche Halbtagestour rund um die Hochries, den Hausberg der Rosenheimer. Wer auf der Höhe des Samerbergs bei der Spatenau startet, erspart sich längere Anstiege. Unterwegs gibt es nur kurze Steigungspassagen, schöne Abfahrten und zahlreiche Einkehrmöglichkeiten. Eine Genusstour auch für weniger geübte Biker.

▶ Majestätisch überragt der kantige Gipfel der Hochries die Gegend um den Samerberg.

Die herrliche Aussicht und die Alpenvereinshütte auf dem Gipfel locken zahllose Bergwanderer an. Für Biker ist der Gipfel nicht tauglich. Dafür aber kann man problemlos in einer Halbtagestour die Hochries umrunden, wozu einem Wanderer wahrscheinlich ein ganzer Tag nicht reichen würde. Weil man für diese Runde schon auf halbwegs hoher Lage startet, eignet sich diese abwechslungsreiche Tour auch für nicht ganz so geübte Biker.

Der Parkplatz Spatenau auf halbem Weg zwischen Grainbach und Duftbräu ist nicht nur für Wanderer ein guter Ausgangspunkt. Von hier startet man, folgt der Asphaltstraße in Richtung Duftbräu leicht bergauf, bis man nach einer Lichtung an einer Rechtskurve geradeaus in Richtung Bruchfeldhaus und Waldparkplatz abbiegt. Einige kurze Anstiege und Abfahrten folgen bis zum Waldparkplatz. Hier hat man die Wahl zwischen dem direkten Weg geradeaus, der etwas anspruchsvoller ist, oder dem rechts abzweigenden Weg, der einen weiten Bogen bis zur Kas-Alm macht und deutlich weniger anstrengend ist. In beiden Fällen kommt man auf einer breiten Forststraße gut voran und landet schließlich zwischen Kas-Alm und Wagner-Alm. Richtung Kas-Alm führt rechts ein kurzer Anstieg, dem dann eine kurze Abfahrt folgt, wo links der Weg zur Alm abbiegt. Dort geht es geradeaus, bis der breite Weg von einem Wanderpfad abgelöst wird. Die Abfahrt zum Trockenbachtal ist etwas holprig.

Unten im Talgrund fährt man links auf der leicht ansteigenden Forststraße in Richtung Unterwiesen und Oberwiesen. Zwischen den beiden Almen und

Die Hochries gilt als der Hausberg der Rosenheimer. Hier sieht man sie aus einer ungewöhnlichen Perspektive, nämlich vom Bärnsee bei Aschau aus.

vor der Holzerhütte kommen einige kurze Schiebepassagen. Von der Holzerhütte geht es nun auf einem kurvenreichen und landschaftlich interessanten Weg bergab in Richtung Frasdorfer Hütte. An der Wegkreuzung freilich kommt man wieder auf eine breite Schotterstraße. Die weitere Abfahrt ist dann auch etwas eintönig. Unten bei der Frasdorfer Hütte bietet sich natürlich eine Einkehr an.

Die Fortsetzung der Tour verläuft auf der bereits zuvor befahrenen Straße. Nach dem Gatter kommt eine Kreuzung, an der man geradeaus in Richtung Winterstubn weiterfährt. Kurz danach geht es von der Straße links bergauf auf einen ansteigenden und später flachen Wanderpfad, der an einem Zaun vor der Winterstube, einem schönen alten Bergbauernhof, endet. Von dort eröffnet sich ein weiter Blick zur Kampenwand und die benachbarten Gipfel.

Der schmale Weg vor der Winterstube führt bergauf bis zu

Auf einen Blick

Start und Ziel: Parkplatz Spatenau auf dem Samerberg zwischen Grainbach und Duftbräu
Dauer: 4.00 Stunden
Streckencharakteristik: Eine mittelschwere Tour rund um die Hochries, die auf dem Samerberg beginnt und deshalb nur geringe Höhenunterschiede aufweist. Unterwegs gibt es nur kurze Steilpassagen. Etwas sportlicher ist die Variante, die von der Wagner-Alm über das Feichteck und die Seiten-Almen zur Riesenhütte führt. Anfangs gut ausgebaute Forststraßen, dann nach der Kas-Alm und nach der Oberwiesen-Alm einige Trampelpfade. Sehr reizvoll ist die Abfahrt über den Aberg in Richtung Frasdorfer Hütte.

Höhenunterschied: 650 bis 1000 m
Sehenswürdigkeiten und Aussichtspunkte:
- Schlüssellochhöhle beim Laubenstein

Einkehrmöglichkeiten:
- Frasdorfer Hütte, 950 m (Montag und Dienstag geschlossen)
- Riesenhütte, 1345 m (im November geschlossen)
- Käser-Alm, 900 m (Montag geschlossen)

Karten:
- Fritsch Wanderkarte *Grenzenlos zwischen König und Kaiser,* 1:50000
- Topographische Karte *Chiemsee und Umgebung,* Bayerisches Landesvermessungsamt, 1:50000

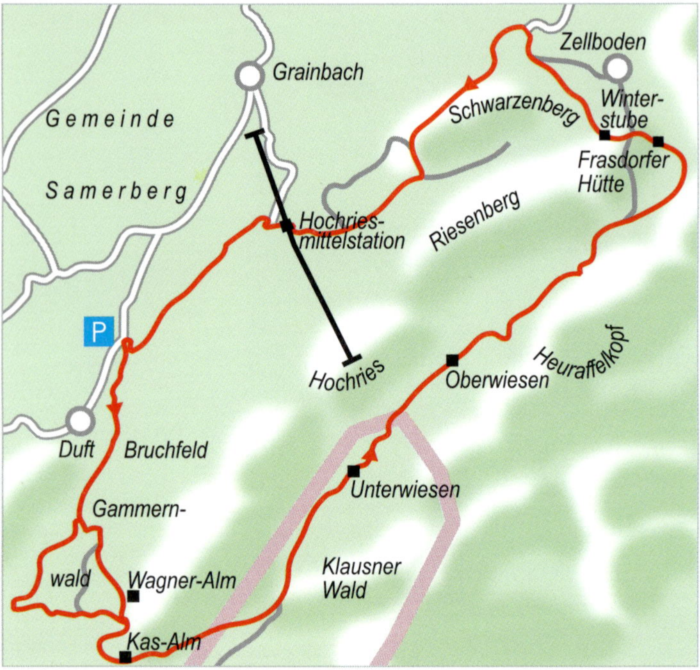

einer Forststraße. Hier fährt man nun einfach geradeaus und lässt das Bike bergab rollen. Bei der ersten Kreuzung bleibt man geradeaus, bis dann nach etwa 1 Kilometer eine querende Straße erreicht wird, die rechts bergab nach Frasdorf führt. Hier biegt man links ab, erklimmt den kurzen Anstieg und fährt auf der Straße schließlich bis zur Kräuterwiese. Von dort fährt man ein kurzes Stück bergab bis zur Kreuzung, dann links über den idyllischen Almboden und biegt dann rechts ab in Richtung Hochries-Mittelstation. Der folgende Abschnitt verläuft weitgehend flach. Kurz vor der Station kann man linker Hand bei der Käser-Alm eine Rast einlegen.

Alle Wege führen zur Hochries, jedenfalls für die Bergfreunde aus Rosenheim.

Notwendig ist das eigentlich nicht, denn das letzte Stück ist ziemlich problemlos. Man fährt auf der schmalen Asphaltstraße bergab an der Nordseite der Mittelstation vorbei und bleibt für etwa 500 Meter auf diesem Weg, bis links ein unscheinbarer Abzweig in den Wald in Richtung Spatenau führt. Hier geht es nun auf einem Trampelpfad geradeaus und ziemlich flach durch den Wald, dann bei einer Lichtung an einem einsamen Haus vorbei. Kurz darauf mündet der Weg in eine Fahrstraße. Hier hält man sich rechts, fährt bergab, bis man schließlich direkt am Spatenau-Parkplatz ankommt.

Varianten

Etwas anspruchsvoller und auch landschaftlich reizvoller ist die Variante, bei der man auf der Höhe der Wagner-Alm nicht zur Kas-Alm, sondern bergauf in Richtung Feichteck über die Genossenschafts-Alm fährt. Nach selbiger kommt hinter einem Steilstück eine Kreuzung. Hier kann man entweder links über die Feichteck-Alm (asphaltiert) oder rechts über die Pölcher-Alm (Schotter) bergauf fahren. Wo beide Wege zwischen Feichteck und Karkopf zusammentreffen, geht es rechts weiter in Richtung Seiten-Almen mit einigen intensiven Bergauf- und Bergabpassagen. An der Seiten-Alm folgt eine kurze Schiebepartie, bis hinter der oberen Hütte der Querweg hinüber zur Riesenhütte erreicht ist. Die Traverse ist schmal und holprig, bietet aber einen großartigen Ausblick nach Norden. Im Frühjahr jedoch liegt hier noch lange Schnee, und die Fahrt kann eine gefährliche Rutschpartie werden. Am Ende des zuletzt sehr steinigen Weges kommt man zur Riesen-Alm, fährt dann auf dem Wanderweg bis zur Riesenhütte und von dort weiter bergab bis zur Frasdorfer Hütte.

9) Genusstour am Samerberg

Neubeuern – Dandlberg – Neubeuern

Auf verschwiegenen Forstwegen zwischen Inn und Samerberg. Schöne Biketouren müssen nicht unbedingt hochalpin sein. Von Neubeuern rund um den Dandlberg fährt man auf einsamen, schattigen Forstwegen, genießt die tolle Aussicht vom Samerberg, rastet in einem urigen Berggasthof und gönnt sich zum Abschluss ein Bad im Neubeurer See. Alles zusammen ergibt eine echte Genusstour.

Eine Tour mit dem Mountainbike muss nicht immer hart und kräftezehrend sein. Die Strecke rund um den Dandlberg oberhalb von Neubeuern ist der beste Beweis dafür. Vor allem im Hochsommer eine interessante

Auf einen Blick

Start und Ziel: Ostkopf der Innbrücke zwischen Kirchdorf und Neubeuern; direkter Anschluss vom Inntal-Radweg; kleiner Parkplatz; ca. 2 km Anfahrtsweg vom Bahnhof Raubling (über Kirchdorf, dort links abbiegen)
Dauer: 1.00 Stunde
Streckencharakteristik: Kurz und abwechslungsreich ist die Fahrt rund um den Dandlberg. Maßvoll steil und mit zahlreichen Flachpassagen zeigt sich die Auffahrt auf einem breiten Forstweg von Holzham. Zwischendurch gibt es Asphaltstraßen und Feldwege. Auch die Talfahrt in Richtung Neubeurer See stellt keine großen Ansprüche an Ausdauer und Können. Insgesamt eine relativ leichte Genusstour.
Höhenunterschied: Ca. 380 m
Sehenswürdigkeiten und Aussichtspunkte:
- Kirche in Steinkirchen mit Aussichtspunkt

Einkehrmöglichkeiten:
- Dandlbergalm, 775 m

Karten:
- Topographische Karte *Chiemsee und Umgebung,* Bayerisches Landesvermessungsamt, 1:50000
- Fritsch Wanderkarte *Grenzenlos zwischen König und Kaiser,* 1:50000

Route, weil man überwiegend durch schattige Wälder fährt und zu guter Letzt noch Station am Neubeurer See machen kann. Man kann übrigens von Rosenheim aus den Radweg am Inn bis kurz vor Neubeuern benutzen. Ob man mit Auto oder Fahrrad anreist, man passiert die Innbrücke zwischen Kirchdorf und Neubeuern. Bei dem kleinen Parkplatz auf der Ostseite geht es nach Süden auf dem Radweg. Man bleibt auf dem Damm, bis man nach 1,5 Kilometern zu einer Abfahrt auf der linken Seite vor einem einsamen Wohnhaus kommt. Hier fährt man den Damm hinunter und biegt links in die Feldstraße ein, die nach Osten führt. Kurz danach quert man die Straße von Neubeuern nach Nußdorf, fährt bis zum Waldrand und dann links und kurz danach rechts weiter nach Holzham. In Holzham, einem kleinen Weiler mit typisch bayerischen Bauernhöfen, erreicht man eine Kreuzung. Auf dem schmalen Asphaltweg, der geradeaus bergauf in Richtung Dandlberg und Steinkirchen führt, gewinnt man die ersten Höhenmeter. Kurz nach dem Bauernhof rechts wird die Straße etwas holpriger, und an der Kreuzung hält man sich weiter geradeaus. Nun geht es in den Wald und gleichmäßig bergauf. Die Anstrengung hält sich in Grenzen, denn bald wird es wieder flacher, dann kommen eine kurze Abfahrt und etliche Kurven, bis schließlich eine Lichtung erreicht ist. Von dieser Stelle kurz vor einem Bauernhof hat man einen beeindrucken-

Bei dem uralten Kirchlein von Steinkirchen findet der Mountainbiker einen perfekten Rastplatz mit Panoramablick.

den Blick auf die Region um den Simssee. Der Weg verläuft nun eben geradeaus bis zur Asphaltstraße, die von Rohrdorf kommend nach Steinkirchen führt. Hier biegen wir rechts ein und fahren ein kurzes Stück, etwa 400 Meter, aufwärts bis direkt vor die markante Kirche von Steinkirchen. Das wäre, wenn man will, der ideale Abschnitt für einen Endspurt, denn Bergauf-Qualen haben hier nun ein Ende. Der Rest bis zum Dandlberg ist weitaus ruhiger. Oben neben der Kirche ist eine Bank, ein perfekter Rastplatz mit Panoramablick.

Vor der Kirche fährt man rechts zum benachbarten Weiler Dorfen und biegt dort gleich rechts ab in Richtung Dandlberg. Vorbei an Bauernhöfen und Wohnhäusern radelt man nun über eine flache Wiese, dann in den Wald hinein und weiter bis direkt vor die Dandlbergalm, die eigentlich eher ein ausgewachsenes Gasthaus denn eine Alm ist. Vor dem Haus gibt es eine schöne und verlockende Terrasse, die am Wochenende gut besucht ist.

Um nun vom Dandlberg zum Neubeurer See zu kommen,

nimmt man nicht den schmalen Weg vor dem Haus (eine später ziemlich unwegsame Strecke), sondern rollt auf der Straße bergab. In Schilding geht es dann scharf nach rechts in Richtung Anker, Neubeuern. Die nächste Siedlung ist Brunn, dann radelt man weiter nach Anker, wo man sich links hält und bergab durch den Wald fährt. Über Hintersteinberg und Vordersteinberg kommt man schließlich ins Tal und zur Straße von Nußdorf nach Neubeuern. Auf selbiger fährt man ein kurzes Stück nach links, bis rechts die Zufahrt zum See kommt. Hinter der westlichen Uferseite des kleinen Badesees verläuft auf dem Damm der Radweg, auf dem man nun in Richtung Norden direkt wieder zum Ausgangspunkt dieser Rundfahrt kommt.

Varianten

Auf dem Rückweg vom Neubeurer See kann man auch einen Abstecher zur Dorfmitte von Neubeuern machen. Sehenswert ist die preisgekrönte Schönheit allemal, nicht zuletzt auch wegen der gemütlichen Cafés und Biergärten am Dorfplatz.

10) Geheimtipp im Inntal-Revier

Nußdorf – Windshausen – Kas-Alm – Euzenau – Nußdorf

Wer den üblichen Trubel an schönen Wochenenden meiden will, der auf den Hütten rund um Heuberg und Kranzhorn üblich ist, liegt mit dieser Tour richtig. Von Nußdorf radelt man zunächst gemütlich am Inn entlang, dann folgt ein sportlicher Anstieg bis zur unbewirtschafteten Kas-Alm. Landschaftlich reizvoll und abwechslungsreich ist die Abfahrt über die Euzenau bis zum Weiler Haus südlich von Nußdorf.

▶ Weil es eigentlich vernünftig ist, nicht gleich mit steilen Anstiegen loszulegen, sondern sich zuerst ein wenig warm zu fahren, beginnt diese Tour idealerweise an der Innbrücke zwischen Nußdorf und Brannenburg. Von hier fährt man nun am Ostufer des Inns auf dem bequemen Radweg schnurgerade nach Süden. Nach rechts hat man einen schönen Blick hinüber zur Ruine Falkenstein oberhalb von Flintsbach und auf das dahinter liegende Wendelsteingebiet. Man bleibt für etwa 4 Kilometer auf dem Radweg bis Windshausen, wechselt dann kurz vor dem alten Zollhaus über die Hauptstraße und folgt auf einer Seitenstraße der Beschilderung in Richtung Kranzhorn. Die Sackstraße führt an Wohnhäusern und alten Bauernhöfen vorbei, macht am Ende eine scharfe Rechtskurve,

Die Ruine Falkenstein bei Flintsbach – wer genau hinsieht, kann sie auch vom Innradweg zwischen Nussdorf und Windshausen aus erkennen.

bis nach einem kurzen Anstieg der Weg vor dem Wald endet. Hier beginnt nun die Forststraße in Richtung Kranzhorn und Kas-Alm. Sie führt zuerst nach rechts und biegt dann scharf nach links. Anfangs ist der Weg kontinuierlich ansteigend und erfordert wegen des groben Belags auch etwas Geschick. Rund 1,5 Kilometer geht es gleichmäßig bergauf. Nach einem kurzen Flachstück kommen einige Kehren, wo wir rechts die Abzweigung zum Kranzhorn ignorieren. Die Forststraße zur Kas-Alm verläuft danach wieder geradeaus, zunächst sanft ansteigend, dann wird es nach der Abzweigung zur linker Hand gelegenen Saureben-Hütte für einige hundert Meter wieder deutlich steiler. Nach einer Rechtskurve hat man nun die letzte Anhöhe erreicht. Auf dem Flachstück kann man ausrollen, dann kommt eine kurze Abfahrt bis zur Kas-Alm. Auch wenn die Alm nicht bewirtschaftet ist, genau genommen sind es zwei Almhütten auf der idyllisch gelegenen Wiese, ist dies ein reizvoller Rastplatz.

Weiter zur Euzenau fährt man nun wieder von der Kas-Alm zurück zur Forststraße, an der Kreuzung kurz nach rechts et-

was bergauf und biegt dann links in einen schmalen Weg ein, der bergab in den Wald hinein verläuft. Das erste Stück ist etwas mühsam, aber dann folgt eine schöne Abfahrt auf einem zunächst bequemen und später etwas holprigen Forstweg. Nach einer engen Linkskurve wird es zwar flacher, aber neben dem Wasserlauf ist der Weg zuweilen etwas sumpfig. An einer kleinen Holzhütte schließlich erreicht man die Euzenau, eine breite und flache Almwiese. Hier radelt man gemütlich auf dem ebenen Weg über die Wiese, die freilich während des Sommers von einer großen Kuhherde bevölkert ist und entsprechend „gedüngt" wird.

Am anderen Ende der Euzenau wird der Weg wieder angenehmer. Eine schmale Forststraße führt bergab in Richtung Buchberg. Nach einer Schranke kommt man an eine Lichtung. Rechts liegt ein großer alter Bauernhof, dahinter hat man einen schönen Blick hinunter ins Inntal. Das letzte Stück der Talfahrt verläuft teils recht steil durch eine schattige Waldpassage bis zum Weiler Haus und zur Spedition Dettendorfer. Davor

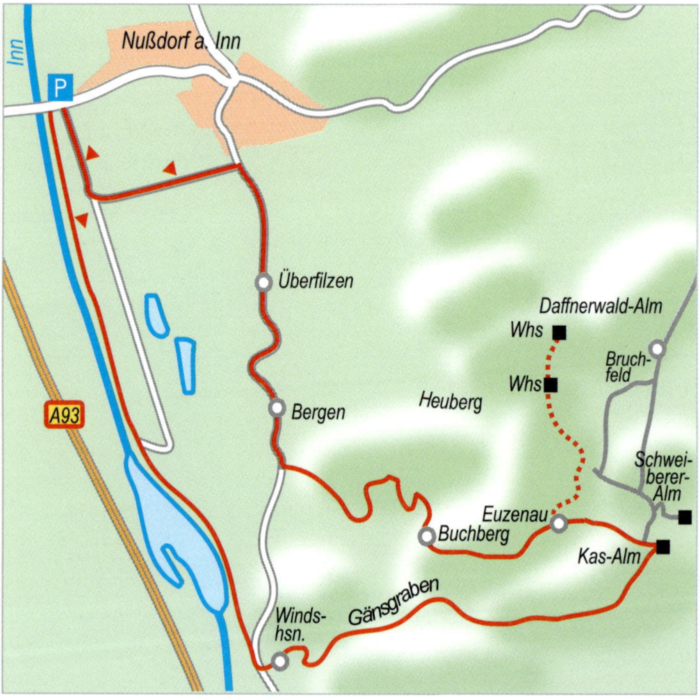

hält man sich rechts und kann das Rad bis zur Hauptstraße rollen lassen. Dort geht es wieder nach rechts in Richtung Nußdorf, zunächst ein kurzes Stück bergauf, dann nach einer Rechtskurve wieder bergab. Anschließend eröffnet sich der Blick auf Nußdorf, und man fährt den letzten Kilometer geradeaus auf der Straße bis kurz vor den Ort. Links biegt ein Weg ab, der geradeaus in Richtung Inn führt und nach etwa 1 Kilometer auf eine Straße stößt. Dort hält man sich rechts und kommt nach rund 600 Metern direkt zurück zur Innbrücke.

Varianten

An der Kreuzung an der Westseite der Euzenau kann man einen Abstecher zur Daffnerwald-Alm unterhalb des Heuberg-Gipfels machen. Man fährt rechts ab durch den Bachlauf, dann folgt ein mehrere hundert Meter langes Steigungsstück, bis die breite Straße vor dem Wald in einen schmalen und holprigen Pfad mündet. Dieser geht kurz durch eine Waldpassage. Danach kommt wieder eine breitere Forststraße, die direkt zu den Almen führt, die allerdings an Wochenenden recht gut besucht sind.

Auf einen Blick

Start und Ziel: Ostkopf der Innbrücke zwischen Brannenburg und Nußdorf; direkter Anschluss vom Inntal-Radweg; kleiner Parkplatz; ca. 2 km Anfahrtsweg vom Bahnhof Flintsbach

Dauer: 1.30 Stunden (Bergfahrt)

Streckencharakteristik: Diese Tour ist von der Streckenführung her ausgesprochen vielseitig. Genüssliches Radwandern entlang des Inns, anspruchsvolle Anstiege auf einer Forststraße von Windshausen bis zur Kas-Alm, dann eine mitunter sportliche und Balance verlangende Abfahrt zur Euzenau. Bequem und landschaftlich reizvoll ist der letzte Downhill-Teil über Buchberg bis Haus. Und nach Nußdorf rollt man wieder kommod auf der Landstraße.

Höhenunterschied: Ca. 650 m

Sehenswürdigkeiten und Aussichtspunkte:

- ▶ Heilig-Kreuz-Kirche bei Windshausen
- ▶ Alte Bauernhöfe und schöne Aussicht auf das Inntal bei Buchberg

Einkehrmöglichkeiten:

- ▶ Schneiderwirt in Nußdorf, Hauptstr. 8 (Montag geschlossen)

Karten:

- ▶ Fritsch Wanderkarte *Grenzenlos zwischen König und Kaiser,* 1:50000

11) Der Heuberg-Klassiker

Nußdorf – Kirchwald – Daffnerwald-Alm

Der Weg hinauf von Nußdorf über Kirchwald bis zur Daffnerwald-Alm unterhalb des Heuberg-Gipfels ist eine der beliebtesten Bikestrecken im Raum Rosenheim. Landschaftlich nicht übermäßig reizvoll, dafür aber relativ sportlich. Und man hat oben ausreichend Möglichkeiten, verschiedene Varianten anzuschließen. Nirgendwo trifft man so viele Radlerkollegen wie in einer der beiden bewirtschafteten Hütten auf der Daffnerwald-Alm.

Wer in Nußdorf mit einem Mountainbike unterwegs ist, und das sind an schönen Tagen nicht wenige, der fährt meistens in Richtung Kirchwald und Heuberg. Warum die Strecke so beliebt ist, darüber kann man rätseln. Am landschaftlichen Reiz kann es nicht liegen, da gibt es im Inntal schönere Gegenden. Wohl eher

Auf einen Blick

Start und Ziel: Ortsmitte von Nußdorf
Dauer: 1.00 Stunde (Bergfahrt)
Streckencharakteristik: Die beliebte Strecke von Nußdorf über Kirchwald auf den Heuberg ist zwar keine Panoramarunde, dafür aber eine relativ kurze und knackige Trainingseinheit mit zahlreichen längeren Steilpassagen, teils auf Asphalt, teils auf breiten Forstwegen. Vor allem an Wochenenden sollte man auf Gegenverkehr achten.
Höhenunterschied: Ca. 600 m

Sehenswürdigkeiten und Aussichtspunkte:
- Wallfahrtskirche Kirchwald
- Mühlenweg in Nußdorf

Einkehrmöglichkeiten:
- Daffnerwald-Alm, 1050 m (während der Wintersaison nur am Wochenende geöffnet)

Karten:
- Topographische Karte *Chiemsee und Umgebung,* Bayerisches Landesvermessungsamt, 1:50000
- Fritsch Wanderkarte *Grenzenlos zwischen König und Kaiser,* 1:50000

Unser Ausgangspunkt, Nußdorf, ist ein Bilderbuchdorf im bayerischen Inntal.

daran, dass die Daffnerwald-Alm mittlerweile ein Bikertreffpunkt und die Fahrt dorthin auch eine kleine Herausforderung ist. Los geht es in der Dorfmitte von Nußdorf, wo man auf der Hauptstraße nach Süden bis zum Schneiderwirt fährt, dort links abbiegt und an der Kirche vorbei bis zum Winkelwiesweg radelt. Dort folgt man rechts dem abzweigenden Weg und der Beschilderung in Richtung Heuberg und Kirchwald. Noch ist das alles recht kommod, auch die Fahrt über die Wiesen.

Doch schon kurz vor dem Wald beginnt der Anstieg, und der ist so schnell nicht vorbei. Erst nach nunmehr 3 Kilometern an der Kirche und der Einsiedelei von Kirchwald wird es ein wenig leichter. Der Einsiedler von Kirchwald hat übrigens nicht gerade den Ruf, ein Bikerfreund zu sein.

Unser Weg führt weiter geradeaus an der alten Kirche vorbei, zwischendurch etwas freundlicher mit kleinen Erholpassagen, bis dann nach dem schmalen Weg, der links nach Gritschen abzweigt, das lange und wieder recht sportliche Schlussstück beginnt.

Rund 2 Kilometer hinter Kirchwald gelangt man an eine Kreuzung. Links kommt der

Von der Daffnerwald-Alm erreicht man in einer guten halben Stunde den Gipfel des Heubergs – ein Abstecher, der allerdings nur zu Fuß möglich ist.

Weg von Schweibern, rechts geht es in den Wald. Hier fährt man geradeaus weiter auf einem langen Anstieg mit zwei Kehren, bis dann kurz nach dem Gatter endlich die Daffnerwald-Alm erreicht ist. Rechter Hand sieht man die Deindlhütte, die neben der Laglerhütte am anderen Ende der

Alm eine der beiden Einkehrstationen ist. Im Sommer ist die Fahrt über diese Alm oft ein regelrechter Kuhfladenslalom, da ein beachtlicher Viehbestand die Saison hier verbringt. Von beiden Hütten hat man einen schönen Blick hinüber zum Spitzstein und ins Kaisergebirge. Und man ist selten allein, denn Biker sind hier fast immer unterwegs.

Varianten

Für den Rückweg nach Nußdorf bieten sich mehrere Alternativen an. Neben der bekannten Strecke über Kirchwald kann man nach Süden bis zur Euzenau und weiter über Buchberg und Haus nach Nußdorf fahren (siehe Tour „Rund um den Heuberg").
Auf der Euzenau kann man auch links abbiegen, am anderen Ende der Almwiese im Wald bergauf bis zur Forststraße vor der Kas-Alm fahren und dort nach links über die Wagner-Alm und den Waldparkplatz bis zum Duftbräu radeln. Auf der öffentlichen Straße fährt man bergab über Ried im Winkl und über das Mühltal nach Nußdorf.
Oder man fährt von der Daffnerwald-Alm ein kurzes Stück zurück in Richtung Kirchwald, biegt nach der zweiten Kehre rechts in Richtung Schweibern ab, fährt von dort über das Mühltal hinunter nach Nußdorf, was landschaftlich wesentlich reizvoller und auch etwas länger ist.

12) Rund um den Heuberg

Nußdorf – Mühltal – Daffnerwald-Alm – Euzenau – Nußdorf

Zweifellos ist das enge Mühltal bei Nußdorf die schönste Möglichkeit, vom Inntal aus den Samerberg mit dem Rad zu erreichen. Ist man oben angekommen, lässt sich eine Rundtour um den Heuberg anschließen, die bis zur Daffnerwald-Alm relativ anstrengend ist. Dafür bietet die Abfahrt auf der Südseite des Berges herrliche Ausblicke und wenig befahrene Wege.

Wer es etwas gemütlicher und vor allem abwechslungsreich mag und dabei auch noch eine längere Warmfahrphase bevorzugt, der findet in dieser Runde das passende Angebot.

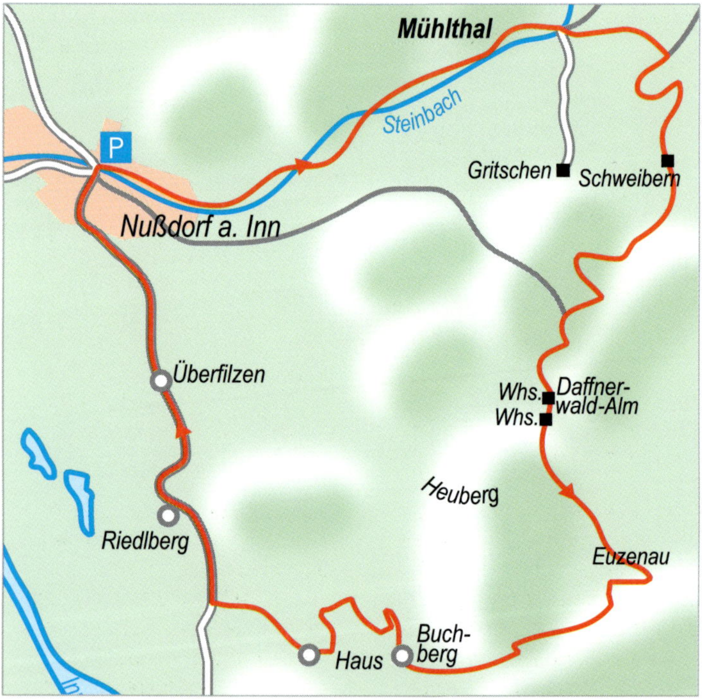

In Nußdorf sollte man sich Zeit nehmen für den „Mühlenweg“; er erinnert daran, dass das Gewerbe im Ort lange von der Wasserkraft des Steinbaches lebte.

Von Nußdorf fährt man im Zentrum bei der Brücke in die Seitenstraße in Richtung Mühltal und Holzmann. Anfangs ist die Straße noch flach, dann sanft ansteigend, bis man schließlich entlang des Mühlbachs nach knapp 2 Kilometern an eine Lichtung kommt und an der alten Mühle und sehenswerten Höfen im Mühltal vorbeiradelt. Kurz hinter der Abzweigung nach Gritschen beim alten E-Werk folgt man rechts der schmalen und zunächst steil ansteigenden Straße, quert eine Wiese und stößt kurz darauf auf eine öffentliche Straße. Weiter geht es hier rechts auf einem kurzen Anstieg bis Ried im Winkel und dort über eine steile Gerade, bis eine Anhöhe mit einem schönen Blick auf den Samerberg erreicht ist. Vorbei an den urigen Bauernhöfen des Weilers Schweibern radelt man auf einer flachen Strecke, bis rechts der Weg zum Heuberg abzweigt. Im folgenden Waldstück quert man einen Parkplatz, wo auch die öffentliche Straße endet. Hier wird es nun etwas alpiner. Der Weg ist schmal, zuweilen etwas steinig und mit etlichen kurzen Anstiegen ausgestattet. Nach einem Flachstück von rund 100 Metern beginnt der Anstieg zu einer kurzen asphaltierten und ziemlich steilen Passage, dem schwierigsten Teil dieser Tour.

Gute fünf Minuten später endet dieser Weg an der Straße, die von Kirchwald zur Daffnerwald-Alm führt. Hier hält man sich links und bleibt die letzten fünf Minuten auf dem asphaltierten Weg, der allerdings noch ziemlich in die Waden geht, bis dann die Alm erreicht ist. Für eine Rast stehen zwei bewirtschaftete Almhütten zur Wahl. Außerdem hat man von der Daffnerwald-Alm einen schönen Blick rüber ins Tirolerische. Den allerdings muss man sich an den Wochenenden mit vielen Ausflüglern teilen, denn die Alm gehört zu jenen Zielen, die zu Fuß mit relativ wenig Aufwand erreichbar sind.

Der Rest der Tour führt dann aber durch ruhiges Gelände. Dazu bleibt man auf dem Weg, quert die Almwiesen in Richtung Süden, wo die Trasse enger wird und im folgenden

Auf einen Blick

Start und Ziel: Ortsmitte von Nußdorf
Dauer: 1.40 Stunden
Streckencharakteristik: Eine der populärsten Mountainbike-Touren im Inntal, die rund um den Heuberg verläuft. Sehr abwechslungsreiche mittelschwere Strecke mit einigen wenigen Steilpassagen und einem relativ hohen Anteil an asphaltierten Wegen.
Höhenunterschied: Ca. 900 m
Sehenswürdigkeiten und Aussichtspunkte:
- Alte Bauernhöfe im Mühltal
- Mühlenweg in Nußdorf

Einkehrmöglichkeiten:
- Daffnerwald-Alm, 1050 m (in der Wintersaison nur am Wochenende geöffnet)

Karten:
- Topographische Karte *Chiemsee und Umgebung,* Bayerisches Landesvermessungsamt, 1:50000

Waldstück auch holprige Passagen hat. Nach einer Abfahrt nebst Bachquerung ist die Euzenau erreicht, eine weite und flache Almwiese, auf der im Sommer sehr viele Kühe stehen und die deswegen auch meist entsprechend gedüngt ist. Der Streckenverlauf lässt die Euzenau links liegen und führt nach rechts, wo es auf einer langen Bergabpassage über den Buchberg hinunter bis ins Tal geht. Beim Buchberg hat man einen herrlichen Blick auf das Inntal, und kurz danach taucht die nunmehr asphaltierte Straße in den Wald hinein und erreicht nach einigen Kurven den Weiler Haus. Bei der Spedition Dettendorfer fährt man rechts und kommt zu einer Hauptstraße. Rechts geht es in Richtung Nußdorf, zunächst mit einem Anstieg, dann mit einer Abfahrt und dann auf den letzten Metern ganz flach bis zum Ort. Zu guter Letzt lockt der schattige Biergarten beim Schneiderbräu zu einer stilgerechten Einkehr. Verdient hat man es sich auf alle Fälle nach dieser langen Runde!

13) Auf das Kranzhorn

Windshausen – Kranzhorn-Alm – Erl – Windshausen

Als Bikerziel ist das Kranzhorn bislang wenig bekannt. Dabei ist der Weg von der Nordseite wie geschaffen für sommerliche Radtouren. Ausgesprochen schattig ist die Fahrt auf der Forststraße und später auf dem Wanderweg in Richtung Kranzhornalm. Eine mittelschwere Tour mit einer schön gelegenen Hütte als Ziel, von der aus es nicht mehr weit zum Gipfel ist.

So unscheinbar der kleine Weiler Windshausen an der bayerisch-tirolerischen Grenze ist, so ideal ist er als Ausgangspunkt für viele Biketouren im Grenzgebiet. Trotzdem findet man hier noch ruhige Strecken, hat sich der Reiz dieser Ecke noch nicht so herumgesprochen. Wer die lange Anfahrt auf dem Inntal-Radweg scheut, kann mit dem Auto bis zur Grenze fahren und dort vor dem ehemaligen Zollhaus links in die kleine Seitenstraße abbiegen. Am Ende dieses Wegs nach einer Rechtskurve kommt man auf einer Wiese zu einem kleinen Parkplatz. Von hier startet die Tour auf einer breiten Forstraße, die anfangs nach rechts führt, dann eine scharfe Linkskurve macht und an der Nordseite des Kranzhorns langsam an Höhe gewinnt. Knapp 2 Kilometer geht es nun kontinuierlich bergauf, mal etwas steiler, dann wieder fast flach,

Das Kranzhorn bildet seit alters die Grenze zwischen Bayern und Tirol.

Vom Kranzhorn aus bietet sich ein herrlicher Blick in das Inntal.

bis der Weg eben wird und nach rechts abbiegt. Bei der folgenden Linkskehre fährt man geradeaus und folgt der Beschilderung zum Kranzhorn.

Dieser Weg stößt in den Wald und wird bald schmal und zwischendurch auch recht steil. Nach einer scharfen Rechtskehre wird es wieder etwas gemütlicher. Der Weg zieht sich fast schnurgerade durch den Wald, bis er vor einem Weidezaun endet. Auf der anderen Seite führt ein Trampelpfad bergab zu einer breiten Schotterstraße, die von Erl kommend zur Kranz-

horn-Hütte führt. Sie ist für diese Tour der letzte Bergauf-Abschnitt. Also fährt man an der Straße rechts nach oben, dann wird es nach der Rechtskurve wieder etwas steiler. Die letzten paar hundert Meter bis zur Hütte wollen erklommen sein, bis dann ein flacher Auslauf direkt an der Hütte endet und rechter Hand schon ein Radlständer wartet.

Am Wochenende ist die Almhütte ein sehr beliebtes Ziel. Und zwar vor allem bei Familien, weil der Weg vom südlichen Trockenbachtal relativ

Auf einen Blick

Start und Ziel: Waldparkplatz bei Windshausen
Dauer: 2.00 Stunden
Streckencharakteristik: Schattig und ruhig auf der Nordseite, landschaftlich reizvoll und belebt auf der Südseite. So kann man die Kranzhorn-Tour beschreiben, die von Windshausen bis zur Kranzhorn-Alm und dann nach Erl und wieder zurück nach Windshausen führt. Eine mittelschwere Tour mit wenigen und kurzen Steilstücken. Zum Großteil auf Schotter-Wegen und bequemen Bergwegen. Die Rückfahrt verläuft meist auf asphaltierten Straßen.
Höhenunterschied: Ca. 800 m
Sehenswürdigkeiten und Aussichtspunkte:
- ▶ Alte Bauernhöfe mit Haussprüchen in Erl
- ▶ Heilig-Kreuz-Kirche bei Windshausen

Einkehrmöglichkeiten:
- ▶ Kranzhorn-Alm, 1222 m (Mai bis Oktober geöffnet)

Karten:
- ▶ Kompass Wanderkarte 009 *Oberaudorf,* 1:35 000
- ▶ Fritsch Wanderkarte *Grenzenlos zwischen König und Kaiser,* 1:50 000

einfach ist. Als krönenden Abschluss könnte man ja noch eine Gipfeltour zu Fuß machen.

Der Rückweg jedenfalls führt zunächst wieder auf der Straße bergab und dann weiter durch den Geißgraben vorbei an alten Höfen bis zur Straße durchs Trockenbachtal. Hier gibt es wieder Asphalt, und hier stößt man auch wieder auf Autoverkehr, weshalb man bei der folgenden Abfahrt vor allem in den Kurven etwas vorsichtig sein sollte. Nach rund 3 Kilometern auf der Straße und einigen engen Kehren kommt man in die Ebene und kann das Rad bis in die Ortsmitte von Erl ausrollen lassen. Für das letzte Stück bis Windshausen bietet sich ein Abstecher auf den Inntalradweg an, der direkt am Fluss verläuft. Schneller geht es freilich, wenn man in Erl auf die Hauptstraße fährt und dort weiter nach Norden radelt. Nach dem kurzen Anstieg am nördlichen Dorfrand ist das letzte Stück eine lange Gerade bis zur Grenze, und dann ein letzter idyllischer Abschnitt mit Blick auf die Heilig-Kreuz-Kirche rechts und das stattliche alte Zollhaus geradeaus, in dem sich heute Privatwohnungen befinden. Gleich nach dem Zollhaus biegt man rechts in die kleine Seitenstraße ab und fährt bis zum Ende des Weges, dann wieder rechts bergauf über die Brücke und erreicht schließlich den Parkplatz.

Erl in Tirol ist ein urwüchsiges Dorf, das durch seine Passionsspiele und die „Tiroler Festspiele" von sich reden macht.

14) Grenzenlos zwischen Inn und Spitzstein

Windshausen – Spitzsteinhaus – Erl – Windshausen

Eine lange und sehr abwechslungsreiche Rundtour an der bayerisch-tirolerischen Grenze. So ruhig und abgelegen die Auffahrt von Norden ist, so lebhaft ist es dann auf dem Spitzsteinhaus und auch bei der Talfahrt in Richtung Erl.

Der Spitzstein an der bayerisch-tirolerischen Grenze ist ein beliebter Ausflugsberg. Dies gilt vor allem für die Südseite, wo, wie in Tirol üblich, eine gut ausgebaute Autostraße weit hinaufführt. Die Nordseite hingegen ist sehr ruhig und auch deshalb ideal für eine Radtour. Als Ausgangspunkt eignet sich der kleine Parkplatz oberhalb von Windshausen.

Die Grenzsteine zwischen Bayern und Tirol haben heute ihre Bedeutung weitgehend verloren.

Auf einen Blick

Start und Ziel: Waldparkplatz bei Windshausen. Anfahrt über die Straße von Nußdorf nach Windshausen. Vor dem alten Zollhaus links in die Seitenstraße und bis zum Ende der Straße rechts bergauf zum Parkplatz.
Dauer: 2.30 Stunden
Streckencharakteristik: Eine mittelschwere Rundtour vom Inntal zum Spitzstein und über Erl wieder zurück. Von Windshausen zur Kas-Alm geht es auf einer gut ausgebauten Forststraße, dann auf schmalen Pfaden hinunter ins Trockenbachtal. Dort fährt man dann wieder auf einer Forststrasse hinauf zum Spitzsteinhaus. Ebenfalls breit und bequem sind die Abfahrt nach Erl und der Rückweg nach Windshausen.
Höhenunterschied: Ca. 1000 m
Sehenswürdigkeiten und Aussichtspunkte:
- Alte Bauernhöfe mit Haussprüchen in Erl
- Heilig-Kreuz-Kirche bei Windshausen

Einkehrmöglichkeiten:
- Spitzsteinhaus, 1263 m
- Berggasthof Moosbauer, 980 m (Freitag geschlossen)

Karten:
- Fritsch Wanderkarte *Grenzenlos zwischen König und Kaiser,* 1:50 000
- Topographische Karte *Chiemsee und Umgebung,* Bayerisches Landesvermessungsamt, 1:50 000

Am Ende des Parkplatzes beginnt die Forststraße, die uns durch den Gänsgraben hinauf zur Kas-Alm bringt. Nach der Schranke macht die Straße einen Rechtsbogen, dann eine Linkskurve, und führt direkt bergauf. Nach knapp 2 Kilometern kommt eine Flachpassage mit zwei Kehren, dann verläuft der Weg weiter mäßig steil bis zu einer Kreuzung. Man fährt weiter geradeaus. Für ein kurzes Stück ist der Weg etwas steiler, wird nach einer Rechtskurve wieder flach und führt dann bis zur Kas-Alm. Gleich nach einer kurzen Abfahrt nimmt man rechts die Abzweigung zur Kas-Alm, fährt geradeaus über die Almwiese, wo dann der breite Weg in einen Wanderpfad mündet. Das kurze Stück hinunter ist recht holprig, dafür hört man hier im Sommer oft das Pfeifen der Murmeltiere. Während dieser Abfahrt kann man auf der gegenüberliegenden Seite am Nordhang des Spitzsteins schon die folgende Bergauffahrt in Augenschein nehmen. An der Straße im Trockenbachtal fährt man ein kurzes Stück rechts talauswärts,

dann gleich wieder links in die abzweigende Forststraße, die als Mountainbikestrecke ausgeschildert ist. Nun geht es kontinuierlich bergauf, nicht zu steil, bis man nach einem Felsbruch an eine Kreuzung kommt. Links führt der Weg in Richtung Klausen. Geradeaus fährt man weiter in Richtung Spitzstein. Nach einer kurzen Steigung wird es flach, dann kommen eine Abfahrt und ein Flachstück, bis die Straße abrupt endet. Rund 50 Meter oberhalb kann man die Fahrt fortsetzen. Doch dafür muss man das Bike auf einem Trampelpfad hinaufschleppen.

Die folgende Strecke ist ausgesprochen gemütlich. Vorbei an der kleinen Nesselbrand-Alm, von der man einen guten Blick auf das benachbarte Kranzhorn und hinein ins Inntal hat, fährt man links um den Berg herum und kommt kurz danach an eine Kreuzung. Beide Wege führen zum Spitzsteinhaus. Der linke ist zunächst steil und steinig, bis zu einer privaten Almhütte, wo man dann einen schmalen Trampelpfad hinunter zum Spitzsteinhaus nehmen muss. Der rechte Weg endet an der Straße von Erl hinauf zum Spitzstein. Der letzte Abschnitt links bis zum Haus ist allerdings sehr steil.

Hinunter ins Tal geht es dann auf der gut ausgebauten Straße nach Erl. Allerdings sollte man etwas Vorsicht walten lassen, denn gerade an Wochenenden kommen einem viele Autos entgegen. Die Straße ist eng, die Kurven sind es zum Teil auch, und die automobilen Freizeitalpinisten denken nicht immer daran, dass ihnen Radfahrer entgegen kommen könnten. An der Kreuzung nach etwa 2 Kilometern fährt man rechts in Richtung Erl. Links könnte man übrigens einen kurzen Abstecher zum idyllisch gelegenen Gasthaus Moosbauer machen.

Die Straße nach Erl ist sehr komfortabel. Man passiert alte Bauernhöfe, genießt die Aussicht ins Inntal und kommt schließlich nach mehreren Kehren in einem Waldstück ins Tal. Dort fährt man auf der Straße direkt nach Erl. Für den weiteren Weg nach Windshausen kann man auf der Westseite am Innufer den Inntal-Radweg nehmen. Kürzer ist aber die Hauptstraße. Man fährt durch Erl nach Norden und kommt nach einem kurzen Anstieg zu einer langen Geraden, an deren Ende der alte Grenzübergang ist. Wir radeln an der alten Heilig-Kreuz-Kirche vorbei und biegen kurz nach dem alten Zollhaus rechts ab, wo wir auf der schmalen Nebenstraße wieder zum Parkplatz kommen.

Die Blaue Quelle in Erl, eine der größten Trinkwasserquellen Tirols, liegt nicht weit ab von unserer Route.

15) Sportlich zum Wendelstein-Blick

Kutterling – Farrenpoint – Schuhbräu-Alm

So unscheinbar der Farrenpoint oberhalb von Bad Feilnbach auch aussehen mag, die Biketour auf seiner Nordseite hat es in sich. Durchweg steil geht es hinauf bis zur Gabelung unterhalb des Gipfels, zwschendurch mit einigen extremen Passagen. Doch es lohnt sich, denn oben erwarten uns ein abwechslungsreicher Höhenweg mit herrlichem Ausblick auf den Wendelstein und seine Nachbargipfel und nicht zuletzt auch die in Bikerkreisen beliebte Schuhbräu-Alm.

▶ Eigentlich sind die kleinen Dörfer am Rand der Berghänge zwischen Brannenburg und Bad Feilnbach geradezu prädestiniert für Bergtouren jeglicher Art. Von den Gipfeln rund um den Wendelstein genießt man einzigartige Ausblicke auf das Alpenvorland. Und dazu sind die Wege normalerweise auch nur mäßig steil. Normalerweise, denn hier gibt es Ausnahmen, und eine davon ist die Tour am Farrenpoint, berühmt und berüchtigt

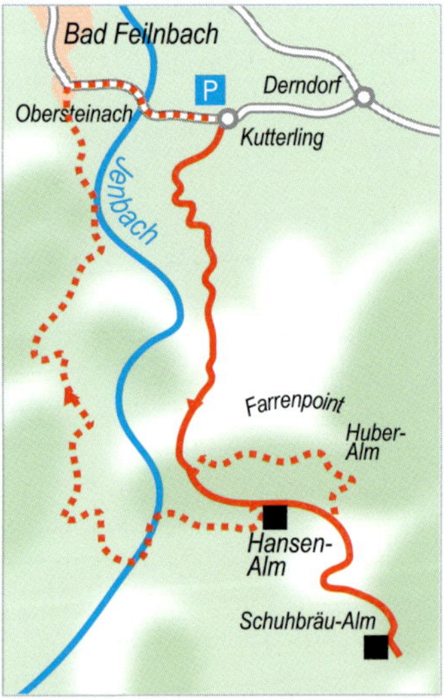

Die Schuhbräu-Alm am Fuß der Rampoldplatte ist ein beliebter Treffpunkt für Mountainbiker.

unter den einheimischen Bikern. Aber für die Anstrengung wird man auch belohnt. Entweder mit einem außergewöhnlichen Fernblick vom Farrenpoint-Gipfel oder mit der nicht minder genussvollen Fahrt quer hinüber zur Schuhbräu-Alm.

Gestartet wird von Kutterling aus, einem kleinen Dorf westlich von Bad Feilnbach. Wer mit dem Auto ankommt, kann entweder unterhalb des Dorfes an der Straße parken oder durch das Dorf vorbei am alten Wohnhaus des Malers Wilhelm Leibl zu einem kleinen Parkplatz im Wald fahren. Hier beginnt nun die Biketour auf der gut ausgebauten Forststraße, zunächst maßvoll ansteigend. Doch kurz nach der Schranke und der Linkskurve in den Wald hinein wird der Weg immer steiler, und es gibt auf den folgenden 2 Kilometern kaum mehr flachere Passagen. Kurz nach der Hälfte der Strecke kommt eine kurze Kurvenkombination, die es in sich hat. Danach folgt eine ganz kurzes ebenes Stück, bis es dann wieder bergauf weitergeht. Schließlich erreicht man eine Lichtung, an der links der breite, aber steinige Weg hinauf zum Farrenpoint und zur Huber-Alm abzweigt. Wir fahren geradeaus. Die Forststraße verläuft eben, dann leicht bergab zur Hansen-Alm und verwandelt sich schließlich in einen Trampelpfad, der etwas im Zickzack-Kurs bergauf und bergab verläuft. In einem weiten Rechtsbogen geht es dann am Mitterberg weiter. Nach einer

engen Linkskurve führt der Weg schließlich wieder sacht bergauf und bergab bis zum Gatter kurz vor der Schuhbräu-Alm. Direkt vor der Rückseite der Alm eröffnet sich links ein schöner Blick hinunter ins Inntal.

Varianten

Bei der Abzweigung zum Farrenpoint geht es auf einer breiten, aber steinigen Straße einen knappen Kilometer hinauf bis direkt vor die Huber-Alm. Unterhalb der Huber-Alm verläuft nach Osten ein Trampelpfad relativ eben, von dem man dann rechts bergab wieder zum Weg in Richtung Schuhbräu-Alm kommt. Allerdings ist das letzte Stück eine Schiebe- bzw. Tragestrecke.
Anstatt von der Schuhbräu-Alm denselben Weg wieder für die Rückfahrt zu nehmen, was ja seinen besonderen Reiz hat, wenn man sieht, wo man sich kurz zuvor hinaufgequält hat, könnte man über die Wirts-Alm nach Bad Feilnbach fahren. Bergab geht es durch das Jenbach-Tal in Richtung Bad Feilnbach. Kurz vor dem Ort biegt man rechts über die Brücke ab und fährt über Altofing zurück nach Kutterling.

Auf einen Blick

Start und Ziel: Kutterling bei Bad Feilnbach; Parkplatz etwas oberhalb des Dorfes
Dauer: 1.10 (Bergfahrt)
Streckencharakteristik:
Eine Tour mit zwei sehr unterschiedlichen Gesichtern. Zunächst der fast durchgehend steile Weg von Kutterling hinauf am Farrenpoint bis zur Abzweigung zur Huber-Alm, dann der genussvolle, weitgehend flache Pfad in Richtung Schuhbräu-Alm und Ramboldplatte mit herrlichem Blick auf Wendelstein und Breitenstein. Bis zur Hansen-Alm gut ausgebaute Forststraße, dann wird der Weg etwas holpriger.
Höhenunterschied: Ca. 700 m
Sehenswürdigkeiten und Aussichtspunkte:
- ▶ Wohnhaus des Malers Wilhelm Leibl in Kutterling

Einkehrmöglichkeiten:
- ▶ Schuhbräu-Alm, 1157 m (Montag sowie im Winterhalbjahr geschlossen)
- ▶ Wirts-Alm, 880 m (Dienstag geschlossen)
- ▶ Aumanwirt, Altofing

Karten:
- ▶ Kompass Wanderkarte 008 *Bayrischzell – Schliersee,* 1:35000
- ▶ Topographische Karte *Mangfallgebirge,* Bayerisches Landesvermessungsamt, 1:50000

16) Feilnbacher Almen-Runde

Bad Feilnbach – Wirts-Alm – Tregler-Alm – Bad Feilnbach

Das Jenbachtal oberhalb von Bad Feilnbach ist nicht nur ein beliebtes Ausflugsziel für Wanderer, sondern auch eine interessante Strecke für Biker, die es etwas gemütlicher mögen. Fährt man von der Wirts-Alm weiter bergauf über den Eibelkopf bis zur Tregler-Alm, ergibt sich eine reizvolle Rundtour mit herrlichen Ausblicken über die Voralpenregion rund um Bad Aibling und Rosenheim.

▶ Die dicht bewaldeten Hänge oberhalb von Bad Feilnbach sehen auf den ersten Blick nicht so aus, als ob man hier schöne Biketouren finden könnte. Doch das täuscht, denn über das sanft ansteigende Jenbachtal erschließt sich eine abwechslungsreiche und vergleichsweise moderate Runde mit zwei bekannten Almen als

Einkehrstationen. Dazu startet man idealerweise im Zentrum von Bad Feilnbach. An der Kreuzung Kufsteiner und Münchner Straße geht es in die Wendelsteinstraße ab, die nach Süden verläuft. Auf dieser Straße fährt man nun kontinuierlich bergauf durch das Wohngebiet, bis man am Ortsrand schließlich entlang des Jenbachs weiterradelt. Die Straße durch das Jenbachtal in Richtung Wirts-Alm verläuft leicht bergauf. An Wochenenden sind hier viele Bergwanderer unterwegs, die mit dem Auto bis zum Parkplatz unterhalb der Wirts-Alm fahren. Nach dem Parkplatz fährt man noch knapp 1,5 Kilometer am Bachlauf entlang bis zur Wirts-Alm, die sich natürlich als Einkehrstation anbieten würde. Aber dafür ist es vielleicht noch etwas zu früh, und außerdem warten noch andere Lokalitäten unterwegs.

Nach der Wirts-Alm wird es dann etwas steiler. Bei der folgenden Kreuzung hält man sich rechts, und kurz nach der Kehre folgen dann einige ebenfalls etwas steilere Serpentinen bis zum Eibelkopf. Danach, auf dem Weg zum Risskopf, wird der Weg wieder flacher. Vorbei am Katzenköpfl und Sterneck, zwei zwischen etwa 1200 und 1300 Meter hohen Gipfeln, fährt man durch den Wald, ohne dass noch größere Steigungen zu bewältigen sind. Nach etwa 4 Kilometern erreicht man schließlich die beliebte Tregler-Alm, die rechter Hand etwas abseits der Forststraße an einer Lichtung liegt und von der aus man einen herrlichen Blick auf das Alpenvorland hat. Und die gerade deswegen und weil sie vom Hundhamer Berg aus zu Fuß leicht zu erreichen ist, an Wochenenden auch sehr gut besucht ist.

Für den Rückweg nach Bad Feilnbach bieten sich zwei recht unterschiedliche Möglichkeiten

Die Wirts-Alm ist das erste Etappenziel. Aber noch erwarten uns etliche Höhenmeter bis zum Eibelkopf.

Auf einen Blick

Start und Ziel: Ortsmitte von Bad Feilnbach
Dauer: 2.00 Stunden
Streckencharakteristik: Eine relativ leichte Tour auf gut ausgebauten Forststraßen mit mäßig steilen Anstiegen. Bis zur Wirts-Alm ist der Weg relativ leicht, erst danach folgen einige längere Anstiege. Von der Tregler-Alm kann man entweder die steile Abfahrt direkt nach Bad Feilnbach wählen oder über die öffentliche Straße auf dem Hundhamer Berg zurückfahren.

Höhenunterschied: Ca. 700 m
Sehenswürdigkeiten und Aussichtspunkte:
- Herrliche Aussicht von der Tregler-Alm auf die Region Rosenheim

Einkehrmöglichkeiten:
- Wirts-Alm, 890 m (Dienstag geschlossen)
- Tregler-Alm, 951 m (Montag und Dienstag geschlossen)

Karten:
- Topographische Karte *Mangfallgebirge,* Bayerisches Landesvermessungsamt, 1:50 000

an. Zum einen kann man direkt vor dem Gasthof auf dem schmalen Weg in den Ort fahren. Dieser Weg ist freilich ziemlich steil und kurvenreich. Er mündet unten direkt in die Schwarzenbergstraße, der man dann bis zur Kreuzung mit der Breitensteinstraße folgt, dort links fährt und gleich wieder rechts abbiegt und so schließlich die Kufsteiner Straße, die Hauptstraße durch den Ort, erreicht.

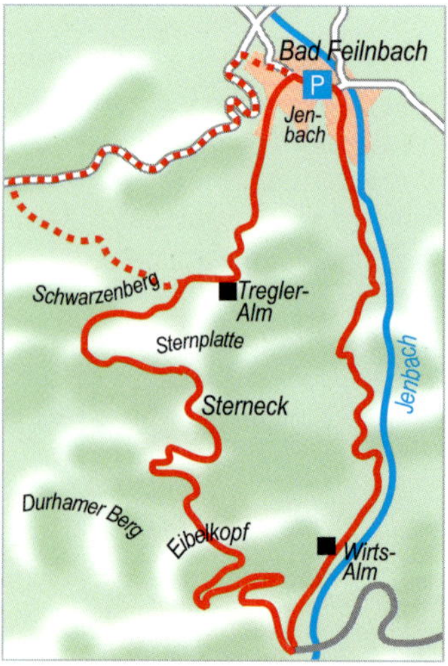

Die andere Variante führt von der Tregler-Alm zurück zur Kreuzung im Wald, dort rechts und dann bergab bis zur Straße über den Hundhamer Berg. Der Nachteil: das letzte Stück bis Bad Feilnbach geht es auf der belebten Straße talwärts. Unten in der Ebene biegt man dann rechts in den Bichlweg und kommt so zur Kufsteiner Straße und ins Zentrum von Bad Feilnbach.

17) Voralpen-Tour bei Au

Au – Rast-Kapelle – Tregler-Alm – Bad Feilnbach – Au

Man muss nicht weit fahren, um eine schöne und abwechslungsreiche Biketour zu finden. Oberhalb von Au am Alpenrand gibt es jede Menge attraktiver Wege mit interessanten Anstiegen und variantenreichem Streckenverlauf hinauf zum Hocheck und dann als Verlängerung hinüber zur beliebten Tregler-Alm, von der man einen atemberaubenden Ausblick genießt. Ausgesprochen anregend ist auch die steile Abfahrt hinunter nach Bad Feilnbach.

▶ Au bei Bad Aibling, der kleine Ort südlich der Autobahn, ist nicht gerade als Mountainbikerdorado bekannt. Dass man hier

Auf einen Blick

Start und Ziel: Ortsmitte von Au bei Bad Aibling
Dauer: 2.00 Stunden
Streckencharakteristik: Diese Tour ist sportlicher, als sie auf den ersten Blick aussieht. Zumindest auf dem ersten Streckenabschnitt von Au hinauf zum Hocheck. Schmale Feldwege wechseln sich mit gut asphaltierten Straßen und dunklen Wegen durch den Wald ab. Zwischendrin kommen einige schweißtreibende Steigungen, die aber nicht allzu lang sind. Dafür ist hier auch wenig Trubel, ganz im Gegensatz zur letzten Abschnitt hinauf zur Tregler-Alm, die nicht nur wegen der schönen Aussicht gut frequentiert ist. Überaus sportlich ist auch die steile Abfahrt von der Alm nach Bad Feilnbach. Ein gut ausgebauter, aber kurvenreicher Wanderpfad.
Höhenunterschied: Ca. 600 m
Sehenswürdigkeiten und Aussichtspunkte:
- Herrliche Aussicht von der Tregler-Alm auf die Region Rosenheim

Einkehrmöglichkeiten:
- Tregler-Alm, 951 m (Montag und Dienstag geschlossen)

Karten:
- Topographische Karte *Mangfallgebirge*, Bayerisches Landesvermessungsamt, 1:50000

in der Umgebung trotzdem ordentliche Routen findet, wissen oft nur die Einheimischen. Und für eine Tour am Rand der Alpen spricht ja auch, dass man nicht weit fahren muss und hier an Wochenenden wenig Trubel ist. Höchstens auf den Hütten, die man anvisiert hat. Aber das ist wieder ein anderes Thema.

Wer also nun in Au eine Biketour startet, der kann eigentlich nur bergauf nach Süden in Richtung Hocheck fahren. Dazu nimmt man von der Kreuzung in der Ortsmitte beim Gasthaus Beckenlehner die Gottschallinger Straße nach Bad Feilnbach, vor dem Friedhof biegt man rechts auf den Feldweg ab, der

Die Tregler-Alm ist ein beliebtes Ausflugsziel – nicht zuletzt dank des herrlichen Blicks, den man von hier aus auf das Mangfalltal und die Rosenheimer Gegend hat.

entlang der Bäume bald etwas ansteigt und am Ende immer steiler wird. Nächstes Ziel ist das kleine Dorf Brettschleipfen. Hier fährt man auf der Asphaltstraße durch die Wohnsiedlung und hält sich bei der Straßengabelung links in Richtung Hocheck. Nach der Brücke geht es rechts bergauf in den Wald hinein, dann weiter zu einem Bauernhof, den man quert und schließlich schon das nächste Etappenziel, die kleine Rast-Kapelle, sieht. Ein kurzer, aber intensiver Anstieg folgt, an dessen Ende man sich eine kurze Pause gönnen sollte, denn von der Kapelle aus hat man eine besonders gute Aussicht, die

Kurz vor der Tregler-Alm gabelt sich der Weg: Zur Hütte geht es nach links, und bald öffnet sich der Blick auf die bewirtschaftete Alm, von deren Terrasse man eine wirklich einzigartige Aussicht hinunter auf die Gegend um Rosenheim und Bad Aibling hat. An Wochenenden sollte man sich darauf einstellen, dass man an einem derart reizvollen und einfach zu erreichenden Ort nicht wirklich alleine ist.

sich im Folgenden nicht mehr so rasch ergibt, wo die Strecke linker Hand wieder im Wald verschwindet. An der Gabelung fährt man geradeaus, bis man auf eine Asphaltstraße kommt. Auch hier fährt man weiter geradeaus, lässt die Abzweigung zum Gasthof Hocheck links liegen und kommt schließlich zur größeren Straße, die Hundham mit Bad Feilnbach verbindet und die Radler vor allem wegen des steilen Hundhamer Berges kennen. Den müssen Mountainbiker an dieser Stelle nicht fürchten. Zuerst lässt man sich mal gemütlich nach links bergab rollen, bis dann gleich rechts die breite Forststraße zur Tregler-Alm abbiegt. Bis zur bekannten Hütte sind es nun noch gute 2 Kilometer mit einigen Anstiegen, die aber nicht sonderlich strapaziös sind. Dafür spricht auch, dass viele weniger trainierte Wanderer und Spaziergänger unterwegs sind.

Etwas weniger los ist da schon auf dem Weg hinunter nach Bad Feilnbach, der direkt vor der Hütte abwärts führt und zwischendurch ziemlich steil und kurvig ist. Daher sollte man hier (auch wegen der Wanderer) vorsichtig fahren. Unten in Bad Feilnbach geht es am Ortsrand auf der Schwarzenbergstraße hinab in Richtung Zentrum. Bei der Breitensteinstraße biegt man links ab, folgt dann rechts der Ackerpointstraße bei der Jenbachhalle und fährt auf dem Radweg nach Norden am Wertstoffhof vorbei, bis man den Jenbach an einem leichten Rechtsbogen nach links verlässt und über flache Wiesen direkt weiter in Richtung Au weiterradelt. Vorbei geht es am Sportplatz über den Kreuthweg durch das Wohngebiet und weiter links in die ruhige Aubachstraße, die parallel zur Hauptstraße verläuft, und ist dann nach wenigen Metern wieder am Dorfplatz von Au.

18) Der Klassiker zum Bikertreff

Brannenburg – Schlipfgrub-Alm – Schuhbräu-Alm

Jeden Dienstagabend strömen sie in Scharen hinauf zur Schuhbräu-Alm. Aber auch sonst ist die Hütte unterhalb der Rampoldplatte ein attraktives Bikerziel. Die Fahrt von Brannenburg birgt einige deftige Steilpassagen, wobei vor allem das Schlussstück noch kräftige Wadl verlangt. Keine Panoramatour, sondern eher eine sportliche Runde. Dafür sitzt man dann gemütlich auf der Terrasse der Alm und hat die Strapazen rasch vergessen.

Zweifellos ein Klassiker unter den Mountainbike-Touren im Inntal. Entsprechend gut frequentiert ist die Schubräu-Alm oberhalb von Brannenburg an Wochenenden und speziell an den Dienstagabenden während der Sommersaison, wenn der obligatorische Bikertreff auf dem Programm steht. In jedem Fall zählt die Schuhbräu-Alm zu den anspruchsvolleren Strecken in der Rosenheimer Region, was vor allem an einigen strapaziösen Anstiegen gegen Ende der Tour liegt. Zwischendurch gibt es einige Flachpassagen, wo man sich wieder erholen kann.

Als Ausgangspunkt empfiehlt sich der Parkplatz neben dem Friedhof unweit des Schlosses. Nach der Kirche geht es halbrechts, dann vorbei am Schloss Brannenburg und schmucken alten Bauernhöfen rechts und links in der Dorfstraße. Am Ende dieser Straße erwartet den Radler dann die erste Prüfung. Der schmale, asphaltierte Weg wird nach einer Rechtskurve immer steiler, wechselt dann in ein Waldstück, nach dem es wieder flacher weitergeht, und stößt schließlich auf eine Hauptstraße. Hier fährt man nun rechts weiter mit relativ kommoden Anstiegen, bis linker Hand ein Parkplatz kommt. Kurz danach geht es an der Gabelung halblinks Richtung Schuhbräu- und Schlipfgrub-Alm ab. Gemütlich ist es hier noch, aber bald darauf folgt eine etwa 500 Meter lange steile und stufenartige Passage. Am Ende des asphaltierten Bereichs nun wird der Weg fast eben, folgt dem Bachverlauf bis zur Schlipfgrub-Alm, die rechter Hand etwas erhöht liegt, und taucht dann in den Wald hinein. Einen knappen Kilometer geht es nun auf dem teils etwas holprigen Weg am Bach entlang. Kurz nach der Brücke, auf der man auf die andere Bachseite wechselt, wird eine Kreuzung erreicht. Geradeaus verläuft der Weg in Richtung Breitenberghaus. Wir fahren rechts leicht bergab,

Gleich am Anfang unserer Tour kommen wir am neugotischen Brannenburger Schloss vorbei, das heute ein Internat beherbergt.

worüber man sich nicht zu früh freuen sollte. Denn jetzt beginnt der sportliche Teil der Tour: Nach der Schranke ein 100 Meter langer steiler Anstieg, dann vorbei bei der Forsthütte, und weiter bergauf geht es durch den schattigen Bergwald. Nach einer spitzen Kehre ist der Weg kurz flach, aber wirklich nur kurz. Zwei Anstiege, dann ein Flachstück, bis sich dann der letzte und wirklich gemeine Stich allmählich ankündigt. Je nach Kondition dauert dieser Endspurt vier bis fünf Minuten, bis

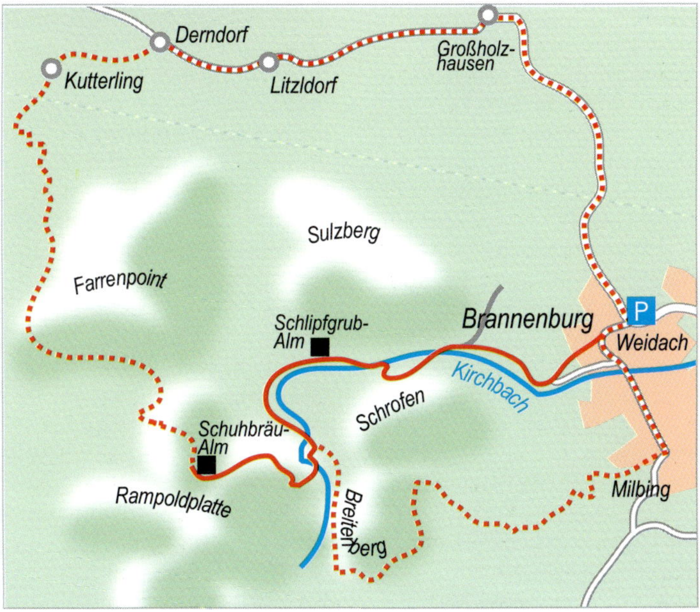

Auf einen Blick

Start und Ziel: Brannenburg, Ortszentrum; Parkmöglichkeit beim Friedhof; ca. 1,5 km Anfahrweg vom Bahnhof Brannenburg (immer der Bahnhofstraße folgen, bis zur Kirche)
Dauer: 1.30 Stunden (Bergfahrt)
Streckencharakteristik: Eine abwechslungsreiche Strecke mit kurzen, aber heftigen Steilpassagen zwischendurch. Anfangs verläuft die Strecke ausschließlich auf Asphalt, im oberen Bereich dann nur noch auf Forstraßen und breiten Waldwegen. Der letzte Anstieg vor der Schuhbräu-Alm ist besonders anspruchsvoll. Kaum Aussichtspunkte, außer man fährt die Farrenpoint-Variante.
Höhenunterschied: Ca. 700 m
Sehenswürdigkeiten:
- ▶Schloss Brannenburg

Einkehrmöglichkeiten:
- ▶Schlipfgrub-Alm, 850 m (Mittwoch geschlossen)
- ▶Schuhbräu-Alm, 1157 m (Montag sowie im Winterhalbjahr geschlossen)
- ▶Breitenberghaus, 960 m (Dienstag geschlossen)

Karten:
- ▶Kompass Wanderkarte 008 *Bayrischzell – Schliersee,* 1:35 000
- ▶Topographische Karte *Mangfallgebirge,* Bayerisches Landesvermessungsamt, 1:50 000

rechts die ersehnte Alm auftaucht und man nach einer Kante auf den letzten Metern ausrollen und vor allem ausschnaufen kann. Schließlich will man vor der großen Terrasse bei der Alm ja auch eine gute Figur machen. Hinter der Schuhbräu-Alm kann man übrigens einen herrlichen Blick aufs Inntal genießen. Etwas, was während der Anfahrt leider nicht möglich ist.

Varianten

Für den einen oder anderen Biker ist es ja eine Wohltat, auf dem Rückweg die Strecke des Leidens noch einmal Revue passieren zu lassen. Wer eine Rundtour machen will, kann hier zum Beispiel von der Schuhbräu-Alm weiter über die Hansen-Alm und vorbei am Farrenpoint nach Kutterling (Tour 15) und von dort auf der Straße und teils auf Radwegen nach Brannenburg zurückfahren.
Eine andere Alternative ist es, auf dem Rückweg von der Schuhbräu-Alm bei der Schranke nach der Forsthütte, bevor der Weg entlang des Bachlaufs wieder flacher wird, rechts in Richtung Breitenberghaus abzubiegen. Vom Breitenberghaus kommt man auf einer Fahrstraße dann weiter bergab zurück nach Brannenburg.

19) Zwischen Wendelstein und Hochsalwand

Brannenburg – Mitter-Alm – Reindler-Alm

Es sind nicht sehr viele Biker, die hier von Brannenburg in Richtung Wendelstein unterwegs sind. Der Grund ist vor allem der extrem steile Anstieg unterhalb der Mitter-Alm. Doch die Mühe lohnt sich, denn der restliche Weg zur herrlich gelegenen Reindler-Alm ist nicht nur landschaftlich schön, sondern auch mit nur wenigen Steilstücken durchsetzt. Für den Rückweg gibt es freilich keine wirklich sinnvollen Varianten. Und der Anstieg zur Mitter-Alm ist auch als Downhill-Passage nicht zu unterschätzen.

In hiesigen Bikerkreisen spricht man mit gewissem Respekt von der Mitter-Alm. Nur wenige schaffen es, den langen Anstieg zwischen Aipl und der Alm auf zwei Rädern zu absolvieren. Aber wer auf diesem Teilstück sein Rad schiebt, muss sich deshalb nicht genieren. Schließlich ist der Rest dieser Tour ausgesprochen reizvoll.

In Bikerkreisen spricht man mit Respekt von der Mitter-Alm.

Zur Reindler-Alm im Wendelsteingebiet starten wir von St. Margarethen aus.

Beginnen kann man zum Beispiel in St. Margarethen, dem idyllischen Weiler oberhalb von Brannenburg, direkt vor der majestätischen Kirche, wo es auch reichlich Parkmöglichkeiten gibt. Wer mit dem Rad kommt, kann sich auf den ersten Höhenmetern bis dorthin schon mal warmfahren.

Zunächst radelt man auf der Hauptstraße vorbei an der Kirche ein kurzes Stück geradeaus, biegt dann beim Wendeplatz rechts ab und folgt der Beschilderung zur Mitteralm. Die ersten fünf bis zehn Minuten sind ziemlich steil, aber bald folgt dann ein langer Abschnitt, der nur sanft ansteigt und sich mehr oder weniger am Streckenverlauf der Zahnradbahn orientiert. Nach rund 2,5 Kilometern erreicht man schließlich die Bahnstation Aipl, quert dort

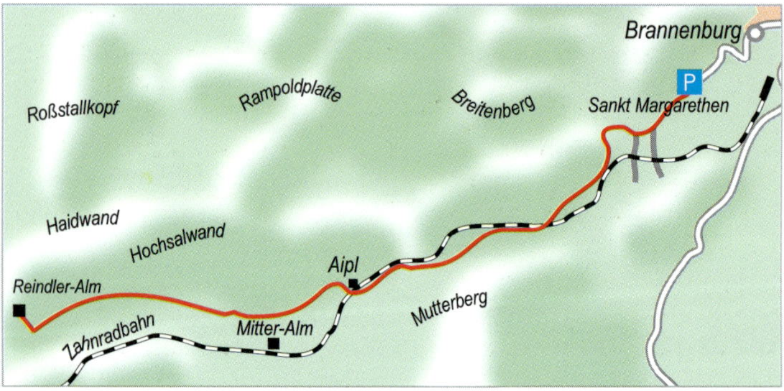

die Bahngleise und fährt auf der Forststraße weiter. Links biegt der Steig zur Mitter-Alm ab, der für Biker allerdings nicht befahrbar ist. Das folgende Stück beginnt leicht steigend, wird aber zunehmend schwieriger und steiniger. Irgendwann steigt man dann doch ab und schiebt etwa eine gute Viertelstunde, bis links eine Bank kommt, von der man einen herrlichen Blick ins Inntal hat. Hier wird der Weg wieder flacher, und bald erreicht man eine Lichtung mit zwei Almhütten. Links kann man nun dem Fußweg rüber zur Mitter-Alm folgen, die nach wenigen Minuten erreicht ist. Unsere Tour allerdings folgt der Forststraße, die als Weitwanderweg E 4 ausgeschildert ist. Eine kurze Steilpassage, dann weiter nach

Auf einen Blick

Start und Ziel: Brannenburg, bei der Kirche von St. Margarethen; dort Parkmöglichkeit; ca. 2,5 km Anfahrtsweg vom Bahnhof Brannenburg (über Wendelsteinstraße, Rosenheimer Straße Richtung Flintsbach, Sudelfeldstraße und Dientzenhoferstraße, ca. 170 Höhenmeter)
Dauer: 1.30 Stunden
Streckencharakteristik: Eigentlich eine sehr reizvolle und nicht übermäßig anstrengende Tour, wäre da nicht der lange und extrem schwierige Anstieg zur Mitter-Alm. Fast ausschließlich auf Schotter- und Waldwegen mit ansonsten eher kurzen Steilpassagen, entlang der Wendelsteinbahn und nach der Mitter-Alm eher einfach mit einigen kurzen Steilstücken.
Höhenunterschied: Ca. 900 m
Sehenswürdigkeiten und Aussichtspunkte:
- Wendelstein-Zahnradbahn

Einkehrmöglichkeiten:
- Mitter-Alm, 1200 m (Montag geschlossen)
- Reindler-Alm, 1430 m

Karten:
- Kompass Wanderkarte 008 *Bayrischzell – Schliersee,* 1:35 000
- Topographische Karte *Mangfallgebirge,* Bayerisches Landesvermessungsamt, 1:50 000

links, und endlich wird der Weg durch den Wald leichter. Am Ende des Waldes geht es dann für fünf Minuten wieder steiler bergauf. Linker Hand thront der Wendelstein-Gipfel mit dem markanten Observatorium.

An der folgenden Kreuzung fährt man rechts und kommt nach einem kurzen und fast flachen Stück direkt zur idyllischen Reindler-Alm. Die Alm ist sehr klein, und es gibt nur einige Bänke vor dem Haus. Dafür kann man die herrliche Aussicht auf den Wendelstein und die Hochsalwand genießen.

Für eventuelle Anschlusstouren ist die Reindler-Alm kaum geeignet. Wer an der Kreuzung unterhalb der Alm geradeaus weiterfahren will, landet bald auf einem holprigen und kaum befahrbaren Trampelpfad. Man hat natürlich die Möglichkeit, von hier aus den Wendelstein zu Fuß zu erklimmen.

Für den Rückweg bleibt eigentlich nur dieselbe Strecke, bei der man das bereits erwähnte Steilstück mit Vorsicht angehen sollte. Denn gerade der obere, recht steinige Weg verlangt viel Geschick und Umsicht.

20) Die Tatzelwurmroute für Individualisten

Niederaudorf – Buchau – Tatzelwurm – Niederaudorf

Zwischen Oberaudorf und dem Sudelfeld gibt es nicht nur die bekannte Tatzelwurmstraße, im Sommer eine beliebte Motorradstrecke. Rechts und links davon findet man ruhige und reizvolle Bikestrecken, die man fast für sich alleine hat und die dank der eher moderaten Steigungen eine echte Genießertour versprechen: einsame Wege mit urigen Almhütten und stattlichen Bergbauernhöfen. Ganz romantisch ist ein Abstecher zum einsam gelegenen Bichlersee.

▶ Durch das Tal zwischen Brünnstein und Wildbarren führt diese Rundtour von Oberaudorf zum Tatzelwurm und zurück. Dazu startet man von der Trißl-Klinik im Ortsteil Bad Trißl nordwestlich vom Oberaudorfer Zentrum. Der erste Abschnitt hinauf zur Buchau verläuft zwar für Mountainbikes nicht standesgemäß auf einer asphaltierten Straße, aber dafür kann man sich auf den längeren Anstiegen schon mal warmfahren. Direkt bei dem alten Gasthaus auf der Buchau endet die Straße und mündet nach links in einen schmalen, teilweise asphaltierten Fahrweg. Vorbei am Parkplatz geht es nun geradeaus in Richtung Sudelfeld und Tatzelwurm, auf dem Wanderweg 655. Gleich nach der

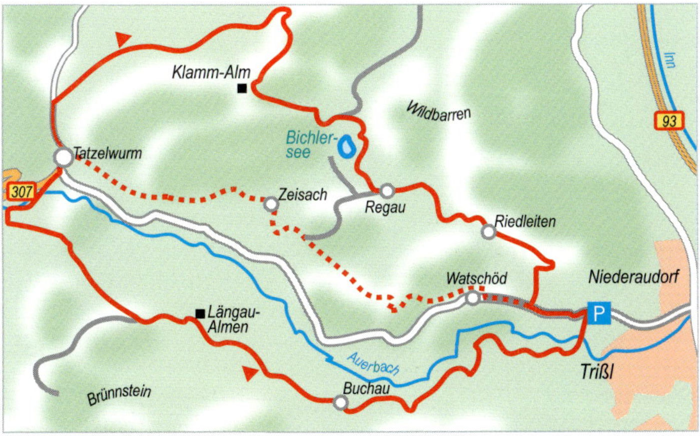

Auf einen Blick

Start und Ziel: Oberaudorf, Parkplatz bei der Trißl-Klinik; ca. 1,5 km Anfahrtsweg vom Bahnhof Oberaudorf (über Bahnhofstraße, Rosenheimer Straße Richtung Niederaudorf, Sudelfeldstraße, Bad-Trißl-Straße)
Dauer: 3.30 Stunden
Streckencharakteristik: Eine mittelschwere Tour, die anfangs und am Ende auf öffentlichen Straßen verläuft, sich im Wesentlichen jedoch auf relativ bequemen Fahrwegen abspielt. Kaum steile Anstiege und anspruchsvolle Abfahrten. Der überwiegende Teil der Tour verläuft in schattigen Bergwäldern. Bei der Abfahrt vom Bichlersee sollte man auf den entgegenkommenden Autoverkehr besonders achten.
Höhenunterschied: Ca 900 m
Sehenswürdigkeiten und Aussichtspunkte:
- ▶ Wasserfall beim Tatzelwurm
- ▶ Alte Kapelle in Schweinsteig

Einkehrmöglichkeiten:
- ▶ Gasthof Buchau, 700 m (Montag geschlossen)
- ▶ Berggasthof Feuriger Tatzelwurm, 760 m (kein Ruhetag)
- ▶ Gasthaus Bichlersee, 1000 m (Dienstag geschlossen)
- ▶ Hummelei, 660 m (Donnerstag geschlossen)

Karten:
- ▶ Kompass Wanderkarte 009 *Oberaudorf,* 1:35 000
- ▶ Wanderkarte *Oberes bayerisches Inntal,* 1:25 000 (erhältlich beim Verkehrsamt Oberaudorf)

Buchau kommt in Sichtweite von drei kleinen Wochenendhäusern ein kurzes Steilstück. Durch den Wald fährt man nun bergauf bis zu den Längau-Almen weiter. Am Ende der Lichtung radelt man wieder in den Wald und fährt noch ein Stück bergauf bis zur Diensthütte. Gleich danach gibt es eine Gabelung. Links steht eine Übersichtstafel, die anzeigt, dass es in Richtung Tatzelwurm rechts weitergeht (der Wanderweg 655 biegt hier links zum Brünnstein ab). Auf der breiten Forststraße zum Tatzelwurm folgt nun ein längeres Bergabstück bis zum Waldparkplatz, und dann geht es flach bis zur Sudelfeldstraße, in die wir rechts bergab einbiegen. Kurz darauf gelangen wir zum Parkplatz Tatzelwurm. Von hier aus ist es nicht weit bis zum gleichnamigen Berggasthof. Ideal für eine Pause, denn im Gasthof kann man einkehren und den Stopp mit einem kurzen Spaziergang zum Wasserfall verbinden.

Ein bekannter Anziehungspunkt am Tatzelwurm ist der Wasserfall.

Von der Kreuzung am Parkplatz Tatzelwurm geht es dann geradeaus etwa einen halben Kilometer in Richtung Brannenburg. Wo rechts ein kleiner Parkplatz auftaucht, zweigt der Weg in Richtung Asten ab. Nun fährt man auf dieser Strecke bergauf bis zu einer Wegkreuzung, wo es rechts in Richtung Klamm-Alm weitergeht. Bei der Klamm-Alm bleibt man auf dem Fahrweg bis an eine weitere Kreuzung, an der wir rechts in Richtung Bichlersee abzweigen. Der einsam im Bergwald gelegene See bietet während der Sommermonate eine ideale Gelegenheit, um sich zu erfrischen. Wem das zu naturverbunden ist, der kann ja noch ein kurzes Stück weiterradeln bis zum gleichnamigen Gasthof, von dessen Terrasse man einen herrlichen Blick auf das Inntal und die umliegenden Berggipfel bis hinüber zum Kaisergebirge genießen kann.

Nach diesem Höhepunkt der Rundfahrt geht es dann auf der asphaltierten Straße steil hinab bis zur Tatzelwurmstraße und abschließend auf dem letzten Stich bis zum Weiler Agg. Dort biegt man rechts ab und erreicht kurz darauf wieder Bad Trißl und den Parkplatz bei der Klinik.

Variante

Vom Parkplatz beim Tatzelwurm kann man eine etwas kürzere, aber ebenfalls reizvolle Alternative wählen, die parallel zur Tatzelwurmstraße verläuft. Auf dieser ruhigen und landschaftlich sehr reizvollen Tour durchquert man einige alte Bauernhöfe, selbstverständlich mit moderatem Tempo. Kein Mensch ist begeistert, wenn wildfremde Biker in großer Geschwindigkeit vor der eigenen Haustüre vorbeirauschen! Bei der Tatzelwurm-Kreuzung biegt man rechts ab in Richtung Oberaudorf. Nach we-

nigen Metern führt eine schmale Fahrstraße links in Richtung Zeisach. Und zwar folgt man hier nicht dem steilen Weg, sondern der flachen Straße mit der Schranke. Bis zu einer Lichtung geht es etwas bergauf. Die Straße macht eine Linkskurve. Rechts biegt man ab und folgt dem Weg bis zum Weiler Antritt. Bei den zwei Bauernhöfen in Antritt geht es dann links weiter bis Schweinsteig. Eine abwechslungsreiche Strecke, auf der man an einigen schönen alten Höfen vorbeikommt. In Schweinsteig passiert man ebenfalls ein stattliches Anwesen mit einer alten Kapelle und fährt weiter ein kurzes Stück bergauf nach Ried. Dort quert man ein Gehöft und radelt dann auf der Straße bergab, bis man bei der Hummelei, einem beliebten Ausflugslokal, wieder zur Tatzelwurmstraße kommt.

21) Rund um den Schwarzenberg

Oberaudorf – Rechenau – Oberaudorf

Für Einheimische ist die Tour rund um den Schwarzenberg eine ideale Bikerunde nach Feierabend oder einfach zwischendurch, wenn man wenig Zeit hat. Einige relativ kurze Anstiege gehören freilich schon dazu. Dafür aber gibt es mit dem Luegsteinsee, der Mühlau und der Rechenau auch einige sehr schöne Plätze unterwegs. Schließlich wissen in aller Regel ja die Einheimischen am besten, wo die ansprechendsten Strecken sind.

Der Schwarzenberg oberhalb von Oberaudorf gehört nun nicht gerade zu den bekannten Berggipfeln im Inntal. Dass er trotzdem für eine attraktive Biketour gut ist, liegt an der Umgebung von Oberaudorf, die ja an Sehenswürdigkeiten nicht arm ist. Rund um den Schwarzenberg passiert man auf einer vergleichsweise kurzen Tour einige dieser Attraktionen. Dazu fährt man vom Rathausplatz in Oberaudorf in den Oberfeldweg, dann an der Schule rechts und weiter durch das Burgtor. Kurz danach biegt man rechts in die Seestraße ab und fährt vorbei am historischen Haus „Weber an der Wand" in Richtung Luegsteinsee und Mühlau bergauf. Den kleinen Badesee, der eigentlich ein künstliches Gewässer ist und einst für den

Der Luegsteinsee wurde als künstlicher Badesee für den Tourismus angelegt.

Auf einen Blick

Start und Ziel: Rathausplatz im Zentrum von Oberaudorf (Parkmöglichkeit); ca. 0,7 km Anfahrtsweg vom Bahnhof Oberaudorf (über Bahnhofstraße und Rosenheimer Straße ortseinwärts)
Dauer: 2.00 Stunden
Streckencharakteristik: Insgesamt eine recht moderate und kurze Rundtour mit einigen, nicht allzu langen Anstiegen. Ein Großteil der Strecke verläuft auf öffentlichen Straßen, die normalerweise aber wenig befahren sind. Zwischen Rechenau und Buchau ist der Weg etwas schmal. Dafür ist die Talfahrt von der Buchau landschaftlich besonders reizvoll.
Höhenunterschied: Ca. 400 m
Sehenswürdigkeiten und Aussichtspunkte:
- Gießenbachklamm
- Alte Bauernhöfe bei Wildgrub

Einkehrmöglichkeiten:
- Gasthaus Buchau, 700 m (Montag geschlossen)

Karten:
- Kompass Wanderkarte 009 *Oberaudorf,* 1:35 000
- Wanderkarte *Oberes bayerisches Inntal,* 1:25 000 (erhältlich beim Verkehrsamt Oberaudorf)

Tourismus angelegt wurde, lässt man rechts liegen und bereitet sich auf eine kurze, aber kräftige Steigung vor. Nach diesem Anstieg kommt man zur Gfallermühle und zum Stausee, fährt dann weiter auf der weitgehend ebenen Straße bis zur Mühlau. Wo die Mühlauer Straße einen weiten Linksbogen macht, verlässt man die Strecke in Richtung Brünnstein.

Auf einem Forstweg geht es nun bergauf bis zur Rechenau. Linker Hand passiert man das feudale Jagdhaus von Gunther Sachs, kommt dann zur Kreuzung bei den Wirtschaftsgebäuden und fährt rechts in Richtung Norden weiter bis Wildgrub. Beiderseits der Straße stehen malerische alte Bauernhöfe. Dazwischen sollte man einmal kurz stehen bleiben, um einen Blick zurück zu werfen und die schöne Aussicht auf das Kaisergebirge zu genießen. Relativ flach verläuft dieser Weg (die Abzweigungen nach links Richtung Brünnstein und nach rechts Richtung Hocheck ignorieren wir) nun weiter bis Buchau. Im gleichnamigen Berggasthof kann man eine Pause einlegen oder gleich direkt weiter auf der asphaltierten Straße talwärts radeln. Rund 1,5 Kilometer nach der Buchau kommt eine Gabelung. Hier fährt man nun rechts zur Zimmerau, zunächst über einen kurzen An-

stieg und dann weiter bergab mit herrlicher Aussicht, bis man auf die Bad-Trißl-Strasse stößt. Das letzte Stück rechts geht es dann flach durch das Wohngebiet direkt zurück ins Zentrum von Oberaudorf.

Variante

Man kann diese Rundtour etwas ausdehnen, indem man von Oberaudorf nach Süden auf der Rosenheimer Straße (Radweg neben der Straße) in Richtung Kiefersfelden fährt. Kurz vor dem Hödenauer See biegt man rechts in die Schöffauer Straße ab und bleibt auf selbiger, bis links der Schwaighofer Weg abzweigt. Dieser bringt uns zur Thierseestraße, der wir rechts folgen, bis wir entlang der Wachtlbahn zur Abzweigung nach Breitenau kommen. Hier geht es nun bergauf in Richtung Gießenbachklamm. Hinter dem Parkplatz fährt man rechts ab in Richtung Rechenau und kommt nach dieser Bergaufpassage wieder direkt zum Nobellandsitz des Sachs-Clans.

22) Auf den Spuren Ludwig Steubs

Oberaudorf – Brünnstein – Oberaudorf

Auf den Spuren des Dichters und Bergfreunds Ludwig Steub verläuft diese sportliche Rundtour. Die schönen Plätze zwischen Gießenbachklamm und Brünnstein, die ja schon der Dichter zu schätzen wusste, fallen einem nicht einfach in den Schoß; man muss sie sich hart erarbeiten, denn auf dem Weg hinauf zum Brünnstein sind etliche Höhenmeter zu bewältigen. Das macht die Einkehr im Brünnsteinhaus nur noch reizvoller.

▶ Man kann sich bei dieser an Höhenmetern nicht armen Tour einiges ersparen, wenn man nicht von Oberaudorf, sondern von der Mühlau aus startet. Die Hochebene ist ja ohnehin ein beliebtes Ausflugsziel und Ausgangspunkt für Touren zum Brünnstein. Egal, ob man nun bereits auf dem Sattel oder noch im Auto sitzt, fährt man von Oberaudorf nach Süden

Oberaudorf ist der Ausgangspunkt der anspruchsvollen Tour zum Brünnstein.

durch das Burgtor und folgt dann rechts der Seestraße am „Weber an der Wand" vorbei über den Luegsteinsee bis zur Mühlau. Kurz hinter dem Café Dörfl und einer kurzen Steigung ist rechts ein Parkplatz, der für die „kleinere Variante" der Tour der ideale Ausgangspunkt ist.

Wer von hier mit dem Rad in Richtung Gießenbachklamm, dem ersten Etappenziel, losfährt, der hat theoretisch zwei Möglichkeiten. Einmal wäre da der direkte Weg vom Parkplatz durch das Karrtal. Allerdings ist der schöne Weg für den Durchgangsverkehr gesperrt, auch wenn man von Einheimischen hört, dass die meisten Radler trotzdem und ungehindert durchfahren. Wir wählen natürlich die korrekte Alternative und fahren auf der Straße vom Café Dörfl her weiter, bis man nach einer Bergabpassage zum Baumgartenhof und zur Siedlung Schöffau kommt. Dort geht es dann weiter rechts über den Schwaighofer Weg zur Thierseestraße. Selbiger folgt man rechts und fährt taleinwärts neben der Wachtl-Bahn

entlang bis zur Abzweigung Richtung Breitenau. Diese Straße steigt zunächst bis zur Breitenau an und folgt dann dem Gießenbach bis zur bekannten Klamm. Weiter verläuft die Tour auf demselben Weg, bis man im Bereich der Hinteren Gießenbachklamm an einem Parkplatz vorbeikommt. Kurz danach biegt links der Weg in Richtung Oberaudorfer-Alm und Wirts-Alm ab. Ein relativ schmaler und kurvenreicher Weg, der kontinuierlich ansteigt bis zur Oberaudorfer Alm. Dort fährt man rechts weiter und absolviert einige relativ steile Abschnitte bis zur Wirts-Alm. Links ginge es nun hinunter durch das Nesseltal ins Ursprungstal. Und rechts folgt nun der sportlichste Teil dieser Tour. Der erste Anstieg (Wanderweg 659) ist nicht befahrbar. Also heißt es nun ein längeres Stück schieben oder tragen, bis man nach dem Buckel und einem kurzen Flachstück zum Ende einer Fahrstraße kommt. Die Anstrengung hat sich gelohnt, denn nun fährt man ganz flach und manchmal leicht bergab vorbei am Steilner Joch bis zur Abzweigung zum Brünnsteinhaus. Die letzten Meter links leicht bergauf bis zur Hütte sind dann kein Problem mehr. Eine Brotzeit hat man sich

Auf einen Blick

Start und Ziel: Rathausplatz im Zentrum von Oberaudorf (Parkmöglichkeit); ca. 0,7 km Anfahrtsweg vom Bahnhof Oberaudorf (über Bahnhofstraße und Rosenheimer Straße ortseinwärts).

Alternativ: Parkplatz an der Straße zwischen Mühlau und Schöffau

Dauer: 4.30 Stunden ab Oberaudorf, 4.00 Stunden ab dem Parkplatz am Café Dörfl

Streckencharakteristik: Der Brünnstein ist nicht nur ein beliebter und auch anspruchsvoller Berg für Wanderer. Auch für den Biker hat er es in sich. Die gesamte Tour ist relativ lang und schwierig. Meist fährt man auf gut ausgebauten Fahrstraßen und Wegen. Längere Anstiege gibt es zwischen Gießenbachstraße und Wirts-Alm. Danach eine ausgiebige Schiebe- und Tragestrecke. Beachtung verdient auch die steile Abfahrt auf einem steinigen Fahrweg zur Rechenau. Insgesamt braucht es für diese Tour schon eine solide Kondition.

Höhenunterschied: Ca. 900 m

Sehenswürdigkeiten und Aussichtspunkte:
- ▶ Gießenbachklamm

Einkehrmöglichkeiten:
- ▶ Brünnsteinhaus, 1342 m (Mitte März bis Ende April geschlossen)

Karten:
- ▶ Kompass Wanderkarte 009 *Oberaudorf,* 1:35 000
- ▶ Wanderkarte *Oberes bayerisches Inntal,* 1:25 000 (erhältlich beim Verkehrsamt Oberaudorf)

nun wirklich verdient. Und man kann sich auch getrost richtig stärken, denn eventuelle Steigungen braucht man nun nicht mehr zu fürchten. Allenfalls die steile Abfahrt vom Brünnstein hinunter zur Rechenau. Von der Rechenau aus fährt man dann weiter geradeaus bergab bis zum Parkplatz Brünnstein und zur Mühlaustraße. Dort biegt man rechts ab und kommt kurz darauf zum Café Dörfl, von wo man auf dem schon bekannten Weg nach Oberaudorf zurückfahren kann.

Variante

Man kann diese Rundtour natürlich auch in umgekehrter Richtung machen. Nur sollte man daran denken, dass die Auffahrt von der Rechenau sehr steil ist und eventuell zu einem beträchtlichen Teil geschoben werden muss. Umgekehrt erspart man sich den Aufstieg von der Wirts-Alm. Anders betrachtet passt die abschließende Einkehr bei der Brünnstein-Hütte zweifellos besser ins Programm. Es ist also eine reine Geschmacksfrage.

23) Im Kaiser-gebirge

Kufstein – Aschenbrenner – Kaindlhütte

Der Ausflug ins Tiroler Grenzland lohnt sich. Vom Stadtzentrum in Kufstein geht es bergauf über das Aschenbrenner-Haus bis zu den Felswänden des Wilden Kaisers. So beeindruckend das vielleicht klingt, diese mittelschwere Tour hat kaum gröbere Steigungen und ist auch für weniger Geübte machbar. Die Einkehr bei der Kaindl-Hütte ist gerade an Spätsommertagen reizvoll, die Umgebung fast kitschig schön.

Da kann man die Kufsteiner schon beneiden. Vor der Haustüre haben sie eine herrliche Bikestrecke über den Aschenbrenner bis direkt zum Wilden Kaiser hinauf. Und eine urige Berghütte noch dazu. Zumindest im oberen Bereich ist dies eine der schönsten Touren im Inntal zwischen Kufstein und Rosenheim, vor allem weil hier die Landschaft nicht mehr sanft voralpenländisch, sondern schon deutlich hochalpin anmutet mit ihren hohen, steilen Felswänden. Obwohl die Tour nicht so schwer ist, wie man glauben könnte, sollte man sie aber dennoch nicht ganz untrainiert in Angriff nehmen, denn die Fahrt hinauf zum Aschenbrenner ist lang und ohne Erholungspassagen.

Zum Start fährt man in das Zentrum von Kufstein und parkt am besten in der Nähe des ehemaligen Krankenhauses. Von hier geht es mit dem Rad in die Kien-

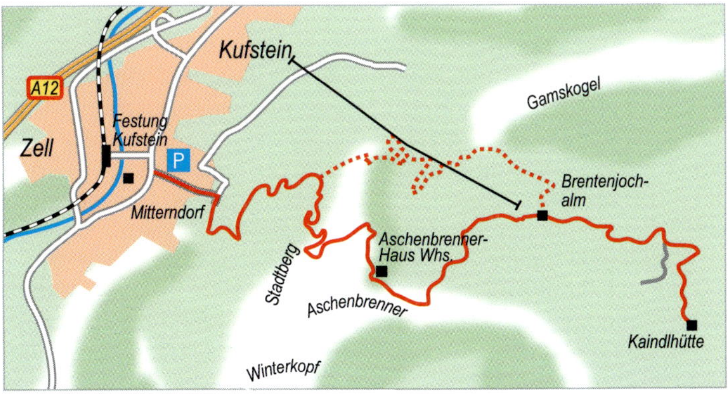

Ganz nahe an die Felswände des Kaisergebirges heran führt uns die Tour zur Kaindlhütte.

bergstraße mit Ihren vornehmen alten Villen bis zum Felsenkeller, dort rechts und weiter links vorbei am Kneippbecken auf einen schmalen Wanderweg, der nach einer längeren Geraden am Waldrand an der Mitterndorfer Straße am Stadtrand endet. Hier beginnt der offizielle und ausgeschilderte Mountainbikeweg.

Man fährt links die Straße zum Aschenbrenner hinauf und hält sich in Richtung des Berggasthofes. Früher gab es einen Sessellift, der die Stadt mit dem Ausflugslokal verband. Heute fährt der Wirt seine Gäste mit einem VW-Bus dorthin. Das ist gottlob das einzige Fahrzeug, das einem unterwegs begegnen kann. Ansonsten trifft man hier nur einige Biker und kaum Wanderer. Die meisten bevorzugen den Kaiserlift, der von der Oberen Sparchen hinauf zum Brentenjoch führt.

Auf der Straße zum Aschenbrenner geht es nun gleichmäßig bergauf. Nach etwa 500 Metern passiert man eine Schranke und fährt dort geradeaus weiter. Kurz nach der Waldkapelle wird es für 200 Meter etwas steiler. Bei der darauf folgenden Kreuzung in einer Kurve bleibt man rechts auf dem Hauptweg, auf dem man nach zahlreichen Kurven und einer Gesamtfahrzeit von einer knappen Stunde schließlich vor dem Aschen-brenner-Haus ankommt. Wer dort kurz eine Rast einlegen will, fährt an der Kreuzung links und direkt hinauf zum Gasthof.

Für die Fortsetzung unserer Tour fahren wir jedoch rechts weiter, wo die Straße einen Bogen macht und dann flach weiterläuft. Dort kommt bald links eine Bank mit einer schönen Aussicht hinaus ins Inntal. An der folgenden Kreuzung fährt man geradeaus weiter. Der Panoramaweg zum Brentenjoch lässt zwischendurch schon rechts den Blick auf die Felswände des Wilden Kaisers zu und erreicht schließlich nach einem kurzen Anstieg das Brentenjoch. Von hier können wir einen weiten Blick über den vor uns liegenden Talkessel, den Gamskogel links und den Kaiser im Hintergrund genießen. Nach der kleinen Almhütte rechts des Weges fährt man auf einem Schotterweg bergab. Auf diesem Abschnitt empfiehlt es sich, etwas vorsichtiger zu sein, da von hier ab auf dem kurzen Stück bis zum Grund des Kessels viele Wanderer unterwegs sind. Allerdings biegen die meisten nach einigen hundert Metern rechts auf den Trampelpfad zur Kaindlhütte ab.

Auf dem Gegenhang beginnt ein leichter Anstieg bis zu einer Schranke, dann fährt man weiter leicht bergauf in Richtung Kaindlhütte. Auf den letzten 200 Metern wird es noch ein wenig steiler. Aber nun ist das Ziel ja schon fast in Sichtweite, und da werden auch noch Reserven mobilisiert. Die Terrasse vor der Hütte ist jedenfalls ein perfekter Rastplatz gegenüber den schroffen Felswänden des Scheffauers.

Varianten

Für die Rückfahrt muss man in jedem Fall bis zum Brentenjoch denselben Weg nehmen. Kurz vor dem Lifthäuschen zweigt rechts eine Straße ab, die über die Duxer-Alm und die Mittelstation des Sessellifts talwärts führt. Unterwegs erkennt man noch die Überreste der einstigen Skiabfahrt vom Steinberg. Kurz nach der Duxer-Alm zweigt nach links ein Fahrweg ab, der nach etwa 300 Metern auf die Straße von Kufstein zum Aschenbrenner und damit auf unsere Anfahrtsstrecke stößt. Dort geht es links bergab bis zum Ausgangspunkt dieser Tour.

Auf einen Blick

Start und Ziel: Parkplatz im Zentrum nahe des alten Krankenhauses bei der Kienbergstraße. Dazu fährt man von der Autobahnausfahrt Kufstein-Nord über die Rosenheimer Straße beim Kreisverkehr nach Süden, biegt dann rechts in Richtung Zentrum ab und folgt der Willy-Graf-Straße. An der Ampel geht es rechts in die Kaiserbergstraße und vor dem Oberen Stadtplatz links in die Krankenhausgasse und weiter einmal rechts und dann links zum Parkplatz vor der Kienbergstraße. Vom Bahnhof Kufstein erreicht man den Startpunkt geradeaus über die Innbrücke, den Unteren und Oberen Stadtplatz und die Georg-Pirmoser-Straße (ca. 0,8 km).

Dauer: 2.00 Stunden (Bergfahrt)

Streckencharakteristik: Herrliches Gebirgspanorama erwartet einen auf dieser Tour, die direkt an den Felswänden des Wilden Kaisers endet. Die Auffahrt auf der Forststraße (im Winter Rodelbahn) ist gut ausgebaut und mittelschwer ohne stärkere Anstiege. Die Weiterfahrt über den Panoramaweg zum Brentenjoch ist sehr gemütlich. Auch das letzte Stück zur Kaindlhütte stellt keine größere Schwierigkeit dar.

Höhenunterschied: Ca. 850 m

Sehenswürdigkeiten und Aussichtspunkte:

- Aussichtspunkt auf dem Panoramaweg nach dem Berghaus Aschenbrenner mit Blick ins nördliche Inntal

Einkehrmöglichkeiten:

- Berghaus Aschenbrenner, 1128 m (Montag und Dienstag geschlossen)
- Kaindlhütte, 1293 m (Mai bis Oktober geöffnet)

Karten:

- Fritsch Wanderkarte *Grenzenlos zwischen König und Kaiser,* 1:50 000
- Kompass Wanderkarte 009 *Oberaudorf,* 1:50 000